Cozinhando com Calma

Receitas Deliciosas para Dias Relaxantes

Maria Silva

Indice

Pimenta Mac Chi 10
Carne De Porco Com Legumes E Pimentão 12
Sudoeste do Chile 13
Filé de Pimenta 15
Pimenta com Rajas 16
Habanero 17
Pimenta Rio Grande 18
Pimenta do Texas 20
Pimenta italiana 22
frango com pimenta algaroba 23
Bife de pimentão poblano 24
Tortilha de pimentão fácil 25
fatias de tortilha 26
Pimentão Texas de dois estágios 27
taco picante 28
Tortilla chips assadas 29
creme de pimenta 30
toupeira de pimenta 31
guacamole 32
Pimenta verde 34
Creme azedo de coentro e pimenta 35
chouriço mexicano 36
Chouriço Mexicano Picante 37

Queijo Blanco e Pimentão com Molho de Tomate Vermelho 38
Molho de Tomate Vermelho... 39
pimenta ranchero... 40
Abóbora com pimenta amarela e feijão cannellini..................... 42
Pimenta mediterrânea... 44
Pimenta com Feijão... 46
Feijão pimenta preta e branca 47
Chili com Feijão e Cerveja 49
Feijão Picante Fusilli.. 50
Lentilhas Amargas com Bacon e Cerveja.................................... 52
Legumes e Lentilhas Amargas... 53
Feijão preto e branco, pimentão vegetariano............................. 54
Pimentão com Feijão e Milho Doce 55
carne com pimenta 56
tortilha quente 57
Batata Doce Chipotle Chili.. 59
Pimenta sálvia com tomate fresco Fresco................................... 60
Feijão Preto, Arroz e Milho Quente 61
molho amargo.. 62
pimenta caribenha... 63
molho de manga.. 64
Carne frita com macarrão 66
Rosbife com Molho de Rábano.. 67
Sauerbraten.. 69
Fritando em uma frigideira 71
cafeteira frita 72
carne de Borgonha... 73

peito grelhado 75
Sanduíches De Carne Grelhada 76
esfregue as especiarias 77
bife de flanco com recheio de cogumelos 78
Peito Refogado na Cerveja 79
Peito de Carne Recheado com Legumes 81
Bicarbonato de Carne 82
Rouladen 84
Rouladen italiano 85
Rouladen grego 86
costela frita 87
Carne picante com raiz-forte 87
Almôndegas Simples 89
Almôndegas italianas 90
Almôndegas de Queijo Salgado 92
Chutney de almôndegas e amendoim 94
Molho De Ovo De Limão 96
Almôndegas de Limão com Molho de Ovo de Limão 97
Pão De Presunto Amargo 99
Carne Fácil com Vinho e Legumes 101
folhas recheadas 102
Almôndegas florentinas 104
Rigatoni com Almôndegas de Berinjela 105
almôndegas de berinjela 106
Boboti sul-africano 107
carne da aldeia 109
carne saudável 111

Caçarola de Carne Simples 112
Carne de ervas favorita da família 113
Carne De Porco Salgada e Chouriço Mexicano 115
Tacos de porco e chouriço 116
Carne De Porco Com Batata E Repolho 118
Carne de porco e chucrute 119
Carne de porco finlandesa com beterraba e macarrão 120
carne de porco alemã 121
Presunto com feijão verde e grão de bico 122
Presunto e Pimentão com Polenta 123
Linguiça Defumada com Feijão 124
Abobrinha com linguiça defumada 125
Risoto de Salsicha e Legumes 126
Lasanha de Salsicha 127
Ensopado de cordeiro irlandês 128
Cordeiro com Alecrim e Batata Doce 129
Cordeiro com feijão branco e linguiça 130
Pernil de cordeiro com lentilhas 131
cordeiro com pimenta 132
cordeiro marroquino 133
Cordeiro e Nabo com Coentro 135
Tagine de cordeiro e legumes 136
cordeiro marraquexe 138
cordeiro biriani 140
goulash de duas carnes 141
Carne De Porco E Frango Com Cogumelo Duplo 143
Ensopado da Carélia 144

Cordeiro e carne em conhaque 145
Goulash de carne, porco e frango 146
risoto de frango 148
Frango frito com cranberry e molho de laranja 149
sabor mirtilo e laranja 150
purê de batata de verdade 151
Frango frito com purê de batata e molho 151
Frango verde tailandês e curry de feijão 153
Peito de frango com legumes picantes 154
frango com xerez 156
Frango Salgado e Arroz 157
Frango Mediterrâneo 158
Frango Indonésio com Abobrinha 159
Peito de Frango com Figos 161
Prato De Frango Com Molho 162
molho toupeira 163
Canapé de Frango 164
sofá de salsa 165
Caçarola de Frango Fácil 166
frango com pimenta vermelha 167
frango da aldeia 169
Frango com feijão e grão de bico 170
Batata Doce com Frango 171
Caçarola de frango e purê de batata 172
Frango recheado assado lentamente 174
frango e cogumelo 176
Frango e Cogumelos Selvagens 177

frango com limão 178
Cidra e creme de frango 179
Frango com Espinafre e Arroz 180
arroz de espinafre 182
Frango com laranja e legumes 183
Frango Laranja Gengibre com Abobrinha 184
frango com damasco 186
Frango Avelã 188
Frango ao vinho tinto com cogumelos 190
Frango Verônica 192
Frango com estragão e mostarda 193
Frango com mel e mostarda 194
Frango chinês, pimentão e curry de milho 195
Frango Agridoce com Legumes 196
Frango com tomate e feijão 198
frango cuscuz 199
Frango com Legumes e Lentilhas 201
Frango com cuscuz da horta 201
Ensopado de Frango 202
gumbo de frango 204
frango El Paso 205
Quiabo de frango e feijão fradinho 206
frango brunswick 207
frango com molho verde 208
Frango agridoce caribenho 209
Curry de frango com banana e castanha de caju 211
Salsichas crioulas com milho doce 212

Feijão preto e quiabo quiabo *213*
Torta Fácil de Frango e Aipo *214*
Frango de coco indonésio *215*

Pimenta Mac Chi

Este chili não precisa de outro acompanhamento, o que o torna uma refeição maravilhosamente fácil por si só.

para 8 pessoas

450 g de carne moída magra
óleo, para lubrificar
2 cebolas picadas
1 pimentão verde picado
2 dentes de alho esmagados
1-2 colheres de sopa de pimenta em pó ou a gosto
2 colheres de chá de cominho em pó
2 colheres de chá de tomilho seco
2 caixas de 400g de tomate picado
400g/14 onças de feijão vermelho, escorrido e enxaguado
175g/6oz de purê de tomate
175ml/6 fl oz de cerveja ou água
1 colher de sopa de açúcar mascavo claro
1 colher de sopa de cacau em pó
sal e pimenta preta moída na hora, a gosto
200 g de macarrão de cotovelo cozido
50 g de queijo cheddar ralado
2 cebolinhas fatiadas
120ml/4 fl oz de creme de leite

Cozinhe a carne moída em uma frigideira grande levemente untada com óleo em fogo médio até dourar, cerca de 10 minutos, partindo-a com um garfo. Combine a carne e todos os outros ingredientes, exceto sal, pimenta, macarrão, queijo, cebolinha e creme de leite na panela elétrica. Cubra e cozinhe em fogo baixo por 6 a 8 horas. Ligue a panela elétrica, acrescente o macarrão e 120ml de água e cozinhe por 15 minutos. Polvilhe com sal e pimenta. Polvilhe cada tigela de chili com queijo, cebolinha e creme de leite.

Carne De Porco Com Legumes E Pimentão

As folhas verdes adicionam nutrição e cor a este delicioso pimentão.

para 8 pessoas

700 g de carne moída magra
2 x 400g/14 onças de feijão enlatado, escorrido e enxaguado
2 caixas de 400g de tomate picado
1 cebola picada
½ colher de chá de canela em pó
½ colher de chá de cominho em pó
½-1 colher de chá de pimenta vermelha moída em flocos
225g de couve ou espinafre picado grosseiramente
sal e pimenta preta moída na hora, a gosto

Cozinhe a carne de porco em uma frigideira grande levemente untada com óleo, partindo-a com um garfo, até dourar, cerca de 10 minutos. Na panela elétrica, misture a carne de porco e os ingredientes restantes, exceto couve, sal e pimenta. Tampe e cozinhe em fogo baixo por 6 a 8 horas, mexendo a couve nos últimos 20 minutos. Polvilhe com sal e pimenta.

Sudoeste do Chile

Se você não tiver pimenta jalapeño, outro tipo de pimenta serve.

para 8 pessoas

450 g de carne moída magra
óleo, para lubrificar
2 cebolas picadas
1 pimentão verde picado
2 dentes de alho esmagados
1 pimenta jalapeño finamente picada
1-2 colheres de sopa de pimenta em pó ou a gosto
2 colheres de chá de cominho em pó
2 colheres de chá de tomilho seco
2 caixas de 400g de tomate picado
400g/14 onças de feijão preto ou feijão enlatado, escorrido e enxaguado
175g/6oz de purê de tomate
175ml/6 fl oz de cerveja ou água
1 colher de sopa de açúcar mascavo claro
1 colher de sopa de cacau em pó
sal e pimenta preta moída na hora, a gosto
50 g de queijo cheddar ralado
2 cebolinhas fatiadas
120ml/4 fl oz de creme de leite
coentro fresco picado para decorar

Cozinhe a carne moída em uma frigideira grande levemente untada com óleo em fogo médio até dourar, cerca de 10 minutos, partindo-a com um garfo. Combine a carne e todos os outros ingredientes, exceto sal, pimenta, queijo, cebolinha e creme de leite na panela elétrica. Cubra e cozinhe em fogo baixo por 6 a 8 horas. Polvilhe com sal e pimenta. Polvilhe cada tigela de chili com queijo, cebolinha, creme de leite e um pouco de coentro.

Filé de Pimenta

Este chili super fácil apresenta carne de porco macia e magra e tomates frescos. Se preferir uma refrigeração menos quente, pule a pimenta em pó e use apenas pimentão vermelho fresco.

para 4 pessoas

450 g de lombo de porco picado (1 cm)
400 ml de caldo
400g/14 onças de feijão enlatado, escorrido e enxaguado
450g/1lb de ameixas maduras ou tomates, fatiados
2 pimentas jalapeño ou outras pimentas picadas finamente
1 colher de sopa de pimenta malagueta (opcional)
1 colher de chá de sementes de cominho torradas
1 colher de chá de molho inglês
sal e pimenta preta moída na hora, a gosto

Combine todos os ingredientes, exceto sal e pimenta, na panela elétrica. Cubra e cozinhe na potência máxima por 4-6 horas. Polvilhe com sal e pimenta.

Pimenta com Rajas

Alguns afirmam que as pimentas Raja Mirchi são as pimentas mais picantes do mundo!

para 8 pessoas

2 cebolas
700 g de carne magra picada
2 x 400g/14 onças de feijão enlatado, escorrido e enxaguado
2 caixas de 400g de tomate picado
½ colher de chá de cominho em pó
1-2 colheres de sopa de pimenta
½-1 colher de chá de pimenta vermelha moída em flocos
2 pimentas poblano em fatias finas
1-2 colheres de sopa de azeite
sal e pimenta preta moída na hora, a gosto

Pique uma cebola finamente. Cozinhe a carne em uma frigideira grande levemente untada com óleo, partindo-a com um garfo, até dourar, cerca de 10 minutos. Na panela elétrica, misture o azeite, o sal, a pimenta, o colorau e os ingredientes restantes, exceto a cebola restante. Cubra e cozinhe em fogo baixo por 6 a 8 horas. Corte em fatias finas a cebola restante. Cozinhe as pimentas no azeite em uma frigideira em fogo médio até amolecerem e as cebolas ficarem caramelizadas, 15 a 20 minutos. Tempere a mistura de carne com sal e pimenta e a mistura de colorau com sal. Cubra a mistura de carne com a mistura de pimenta.

Habanero

Substitua o pimentão jalapeño se preferir um sabor mais suave.

para 4 pessoas

100g de linguiça suína sem casca
óleo, para lubrificar
400g/14 onças de tomate picado em lata
400g/14 onças de feijão verde
1 cebola grande picada
1 pimentão verde médio picado
¼–½ habanero ou outra pimenta picada
1 colher de sopa de pimenta malagueta
1 colher de chá de cominho em pó
sal a gosto
250ml/8 fl oz de creme de leite

Cozinhe as salsichas em uma panela pequena levemente untada até dourar, cerca de 5 minutos, e esmigalhe-as com um garfo. Na panela elétrica, misture a salsicha e outros ingredientes, exceto o sal e o creme de leite. Cubra e cozinhe em fogo baixo por 4-5 horas. Tempere com sal. Sirva com creme de leite.

Pimenta Rio Grande

A combinação de muita cebola e carne moída e cortada em cubos confere muito sabor e textura a esse chili.

para 12 pessoas

450 g de carne moída magra
900 g de carne de porco magra em cubos (2 cm)
400 ml de caldo
2 latas de 400g de feijão vermelho, escorrido e enxaguado
2 caixas de 400g de tomate picado
350ml/12 fl oz de cerveja ou suco de tomate
100g de pimentão verde em lata picado
8 cebolas picadas
6 dentes de alho esmagados
25g/1oz de pimenta em pó (opcional)
1 colher de sopa de cominho moído
2 colheres de chá de tomilho seco
sal e pimenta preta moída na hora, a gosto
1½ pincelada de creme de leite com coentro e pimenta

Cozinhe a carne moída em uma frigideira grande levemente untada com óleo em fogo médio até dourar e desfie com um garfo. Combine a carne e todos os outros ingredientes, exceto sal, pimenta e creme de leite de coentro e pimenta em uma panela elétrica de 5,5 litros. Cubra e cozinhe em fogo baixo por 6 a 8 horas. Polvilhe com sal e pimenta. Sirva com creme de pimenta e coentro.

Pimenta do Texas

Salsicha picante, pimenta e muitos temperos tornam esta pimenta ainda melhor.

para 8 pessoas

350g de linguiça de porco picante, sem casca
700g de carne magra picada grosseiramente
400g/14 onças de tomate picado em lata
400 ml de caldo
400g de molho de tomate de uma jarra
400g/14 onças de feijão vermelho, escorrido e enxaguado
400g de grão de bico escorrido e enxaguado
pimentão verde picado de uma jarra com 100g de líquido
1 cebola grande picada
1 jalapeño ou pimenta vermelha média picada
2 colheres de sopa de pimenta em pó
½ colher de chá de cominho em pó
½ colher de chá de coentro
1 colher de sopa de molho inglês com baixo teor de sódio
sal e pimenta a gosto
Molho Tabasco a gosto

Cozinhe a linguiça e a carne moída em uma frigideira grande levemente untada com óleo em fogo médio, partindo com um garfo, até dourar, cerca de 10 minutos. Combine a carne e todos os outros ingredientes, exceto sal, pimenta caiena e molho Tabasco em uma panela elétrica de 5,5 litros. Cubra e cozinhe em fogo baixo por 6 a 8 horas. Tempere com sal, pimenta e molho Tabasco.

Pimenta italiana

A pimenta malagueta é um ótimo complemento para carne de porco e bovina.

para 8 pessoas

350g de linguiça de porco picante, sem casca
600g / 1lb 6 onças de carne moída magra
100g/4 onças de pimenta fatiada
400g/14 onças de tomate picado em lata
400 ml de caldo
400g de molho de tomate de uma jarra
400g/14 onças de feijão vermelho, escorrido e enxaguado
400g de grão de bico escorrido e enxaguado
1 cebola grande picada
2 colheres de sopa de pimenta em pó
1-1½ colher de chá de tempero de ervas italianas secas
1 colher de sopa de molho inglês
sal a gosto
pimenta a gosto
Molho Tabasco a gosto

Cozinhe a linguiça e a carne moída em uma frigideira grande levemente untada com óleo em fogo médio, partindo com um garfo, até dourar, cerca de 10 minutos. Combine a carne e todos os outros ingredientes, exceto sal, pimenta caiena e molho Tabasco em uma panela elétrica de 5,5 litros. Cubra e cozinhe em fogo baixo por 6 a 8 horas. Tempere com sal, pimenta e molho Tabasco.

frango com pimenta algaroba

Este delicioso prato Tex-Mex vai agradar aos mais aventureiros!

para 4 pessoas

350g de filé de peito de frango sem pele, cortado em cubos
2 caixas de 400g de tomate picado
400g/14 onças de feijão vermelho, escorrido e enxaguado
225g de tomate picado grosseiramente
2 cebolas pequenas picadas
1 pimenta poblano picada
2 colheres de sopa de pimenta malagueta
2 colheres de chá de alho picado
1 colher de chá de aroma de fumaça de algaroba
sal e pimenta preta moída na hora, a gosto

Combine todos os ingredientes, exceto sal e pimenta, na panela elétrica. Cubra e cozinhe em fogo baixo por 6 a 8 horas. Polvilhe com sal e pimenta.

Bife de pimentão poblano

Carne moída, páprica doce e uma mistura de temperos fazem deste um dos favoritos.

para 4 pessoas

450 g de carne moída magra
400g/14 onças de tomate picado em lata
400g de feijão canelini, escorrido e enxaguado
1 cebola grande picada
1 poblano pequeno ou outro pimentão picado
1 talo de aipo picado
Pacote de 39g de mistura de especiarias com pimenta
Fatias de tortilha (veja à direita)

Combine todos os ingredientes, exceto as fatias de tortilha, na panela elétrica. Cubra e cozinhe em fogo baixo por 6 a 8 horas. Sirva com fatias de tortilha

Tortilha de pimentão fácil

Os chips de tortilla adicionam crocância e textura aqui.

para 8 pessoas

225 g de carne moída magra
óleo, para lubrificar

900ml/1½ litro de caldo de carne
450 g/1 lb de molho instantâneo leve a médio
400g/14 onças de feijão enlatado, escorrido e enxaguado
4 cebolas picadas
175g de milho doce, descongelado se congelado
1 colher de chá de pimenta malagueta
100g de chips de tortilla esmagados
sal e pimenta preta moída na hora
50 g de queijo cheddar ralado

Cozinhe a carne em uma frigideira grande levemente untada com óleo em fogo médio até dourar, cerca de 5 minutos, partindo com um garfo. Combine a carne, o caldo, o molho, o feijão, a cebola, o milho doce e a pimenta em pó em uma panela elétrica de 5,5 litros/9½ litros. Cubra e cozinhe em fogo baixo por 6 a 8 horas. Combine chips de tortilla. Polvilhe com sal e pimenta. Polvilhe com queijo.

fatias de tortilha

Delicioso para acompanhar pratos mexicanos.

Adequado para 4 pessoas como acompanhamento

2 x 15 cm/6 pol. Tortilhas de farinha
25g/1oz de queijo pepper jack ralado

25g de queijo cheddar ralado

3 cebolinhas fatiadas

25 g de molho doce ou picante

creme de leite, para enfeitar

Coloque o pão em uma assadeira. Polvilhe com queijos combinados e cebolinha. 230ºC/gás 8/forno ventilado Asse a 210ºC por 5-7 minutos até que as tortilhas estejam douradas nas bordas e o queijo derreta. Corte cada tortilha em seis pedaços. Cubra cada um com 1 colher de chá de molho e uma pequena porção de creme de leite.

Pimentão Texas de dois estágios

Carne de porco e peru juntam-se neste prato simples e delicioso. Coentro fresco adiciona um tempero encantador.

para 4 pessoas

225 g de carne de porco magra picada

225g de peito de peru picado

8 cebolinhas fatiadas

óleo, para lubrificar

400g de grãos de pimenta, água não extraída

450 g de tomate picado

1 jalapeño pequeno ou outra pimenta meio picante, sem sementes e picada

sal a gosto

coentros frescos picados finamente para decorar

Cozinhe a carne de porco, o peru e a cebolinha em uma frigideira grande levemente untada com óleo em fogo médio até que a carne esteja dourada, cerca de 8 minutos, e desfie-a com um garfo. Na panela elétrica, misture a mistura de carne e os ingredientes restantes, exceto o sal. Cubra e cozinhe em fogo baixo por 5-6 horas. Tempere a gosto. Polvilhe coentro fresco em cada tigela de sopa.

taco picante

A canjica pode ser encontrada em mercados étnicos ou em fornecedores especializados, ou uma lata de feijão cannellini pode ser substituída.

para 8 pessoas

900 g de carne moída magra

óleo, para lubrificar

400g/14 onças de feijão enlatado, escorrido e enxaguado

400g/14 onças de canjica, escorrida e enxaguada

400g/14 onças de tomate em cubos em lata, escorrido

275g/10oz de tomate pelado em lata, pimenta, com suco

225g de milho em lata, escorrido

1 cebola grande picada

2 talos de aipo picados

Pacote de 35g de tempero para taco

1 dente de alho amassado

½ colher de chá de tomilho seco

Coberturas: creme de leite, queijo cheddar ralado, chips de taco

Cozinhe a carne moída em uma frigideira grande levemente untada com óleo até dourar, cerca de 10 minutos, e esmigalhe com um garfo. Combine a carne e outros ingredientes na panela elétrica. Cubra e cozinhe em fogo baixo por 6 a 8 horas. Sirva com guarnições.

Tortilla chips assadas

Faça suas próprias tortilhas - é muito fácil.

Adequado para 6 pessoas como acompanhamento

Pão de milho de 6x15cm/6 polegadas

spray para cozinhar legumes

uma pitada de cominho
uma pitada de pimenta moída
uma pitada de tomilho seco
uma pitada de pimenta vermelha
sal e pimenta a gosto

Corte cada tortilha em oito fatias. Disponha em uma única camada em uma assadeira. Pulverize o pão com spray de cozinha. Polvilhe levemente com ervas combinadas, páprica, sal e páprica. Asse em forno 180ºC/4 gás/ventilado a 160ºC por 5-7 minutos até dourar levemente.

creme de pimenta

Um chili um pouco diferente feito com sopa enlatada!

Serviço 6

450 g de filé de peito de frango sem pele, em cubos (2 cm)
275g/10oz de creme instantâneo de canja de galinha
120 ml de molho de tomate pronto
1 cebola picada

3 cebolinhas picadas

½ pimenta vermelha picada

1 jalapeño pequeno ou outra pimenta meio picante, sem sementes e picada finamente

2 dentes de alho esmagados

100 g/4 onças de pimentão verde picado, de uma jarra, escorrido

1 colher de sopa de pimenta malagueta

½ colher de chá de cominho em pó

250ml/8 fl oz de leite semidesnatado

sal e pimenta preta moída na hora, a gosto

50g de queijo Monterey Jack ou Cheddar ralado

Tortilhas assadas (veja à esquerda)

Na panela elétrica, misture todos os ingredientes, exceto leite, sal, pimenta, queijo e tortilhas cozidas. Tampe e cozinhe em fogo baixo por 6-8 horas, acrescentando o leite nos últimos 20 minutos. Polvilhe com sal e pimenta. Polvilhe cada tigela de pimenta com queijo. Sirva com tortilhas assadas.

toupeira de pimenta

Este chili tem os sabores intrigantes de uma toupeira tradicional mexicana. Use frango, porco ou vaca, ou uma combinação das três carnes.

Serviço 6

450g de carne de porco magra, em cubos
250ml/8 fl oz de caldo de galinha
400g/14 onças de tomate picado em lata
400g de feijão preto em lata, escorrido e enxaguado
molho toupeira
sal e pimenta preta moída na hora, a gosto
Guacamole (veja abaixo)
coentros frescos picados finamente para decorar

Combine todos os ingredientes, exceto sal, pimenta e guacamole na panela elétrica. Cubra e cozinhe em fogo baixo por 6 a 8 horas. Polvilhe com sal e pimenta. Cubra cada tigela de chili com guacamole. Polvilhe generosamente com coentros frescos.

guacamole

Tradicional com pratos de pimenta.

Adequado para 6 pessoas como acompanhamento

1 abacate maduro, grosseiramente esmagado
½ cebola pequena, finamente picada
½ jalapeño ou outra pimenta, sem sementes e picada finamente
1 colher de sopa de coentro fresco picado
Molho Tabasco a gosto

sal a gosto

Misture o abacate, a cebola, o pimentão vermelho e o coentro. Tempere com molho Tabasco e sal.

Pimenta verde

Esses "pimentões verdes" são feitos de tomatillos, também chamados de tomates verdes mexicanos. Eles estão disponíveis em lata em mercados étnicos e fornecedores privados.

para 8 pessoas

450g/1lb de carne de porco magra desossada, em cubos (1cm/½ pol.)
900ml/1½ litro de caldo de galinha
2 latas de 400g de feijão cannellini, escorrido e enxaguado
100–225 g de pimentão verde picado
250ml/8 fl oz de água
900g de tomate em lata, cortado em quartos
2 cebolas grandes em fatias finas
6-8 dentes de alho picados
2 colheres de chá de cominho em pó
25g de coentro fresco picado
Creme azedo de coentro e pimenta (veja abaixo)

Combine todos os ingredientes, exceto o coentro e o creme de leite de coentro e pimenta, em uma panela elétrica de 5,5 litros/9½ litros. Cubra e cozinhe em fogo baixo por 6 a 8 horas. Junte o coentro. Sirva com pimenta e creme de coentro.

Creme azedo de coentro e pimenta

Perfeito com pratos picantes.

Adequado para 8 pessoas como acompanhamento

120ml/4 fl oz de creme de leite
1 colher de sopa de coentro fresco picado
1 colher de chá de jalapeño em conserva picado ou outra pimenta de tamanho médio

Combine todos os ingredientes.

chouriço mexicano

Esta não é uma receita de cozimento lento, mas sim a base de muitos pratos deliciosos como o abaixo.

Serviço 6

½ colher de chá de sementes de coentro picadas
½ colher de chá de sementes de cominho esmagadas
óleo, para lubrificar
2 ancho secas ou outras pimentas
700g de lombo de porco picado ou picado
4 dentes de alho esmagados
2 colheres de sopa de pimenta vermelha
2 colheres de sopa de vinagre de maçã
2 colheres de sopa de água
1 colher de chá de tomilho seco
½ colher de chá de sal

Cozinhe as sementes de coentro e cominho em uma frigideira pequena levemente untada com óleo em fogo médio, mexendo sempre, até dourar, 2 a 3 minutos. Retire da panela e reserve. Adicione pimentas ancho à frigideira. Cozinhe em fogo médio até ficar macio, cerca de 1 minuto de cada lado, virando as pimentas com frequência para evitar que queimem. Remova e descarte caules, veias e sementes. Pique finamente. Combine todos os ingredientes, misture bem.

Chouriço Mexicano Picante

O chouriço pode ser usado em muitas receitas mexicanas ou transformado em almôndegas e assado no prato principal do jantar.

Serviço 6

Chouriço mexicano (veja acima)
1 cebola picada
óleo, para lubrificar
2 caixas de 400g de tomate picado
2 latas de 400g/14 onças de feijão preto ou preto, escorrido e enxaguado
Pimenta e sal a gosto

Cozinhe o chouriço mexicano e a cebola em uma frigideira grande levemente untada com óleo em fogo médio, quebrando com um garfo, até dourar, 8 a 10 minutos. Combine os ingredientes restantes, exceto o chouriço, o sal e a pimenta na panela elétrica. Cubra e cozinhe em fogo baixo por 4-6 horas. Polvilhe com sal e pimenta.

Queijo Blanco e Pimentão com Molho de Tomate Vermelho

Isso fica ainda mais cremoso com a adição de pimenta branca, creme de leite e queijo Monterey Jack ou Cheddar.

para 8 pessoas

700g de filé de peito de frango sem pele, cortado em cubos
2 latas de 400g de feijão cannellini, escorrido e enxaguado
400 ml de caldo de galinha
100g/4 onças de pimentão verde picado, de uma jarra, escorrido
4 cebolas picadas
1 colher de sopa de alho picado
1 colher de sopa de tomilho seco
1 colher de chá de cominho em pó
250ml/8 fl oz de creme de leite
225 g de queijo Monterey Jack ou Cheddar ralado
sal e pimenta a gosto
Molho de Tomate Vermelho

Na panela elétrica, misture todos os ingredientes, exceto creme de leite, queijo, sal, pimenta caiena e molho de tomate vermelho. Cubra e cozinhe em fogo baixo por 6 a 8 horas. Adicione o creme de leite e o queijo, mexa até o queijo derreter. Tempere com sal e pimenta. Sirva com molho de tomate vermelho.

Molho de Tomate Vermelho

Um molho maravilhoso que é delicioso.

Adequado para 8 pessoas como acompanhamento

2 tomates grandes picados
1 cebola pequena, finamente picada
1 pimentão verde picado
2 colheres de sopa de poblano picado ou outro pimentão
1 dente de alho amassado
2 colheres de sopa de coentro fresco picado
sal a gosto

Misture todos os ingredientes, adicione sal a gosto.

pimenta ranchero

Um chili farto com sabores do Velho Oeste. Definitivamente um para homens!

Serviço 6

450 g de carne moída magra
100g de linguiça defumada fatiada
óleo, para lubrificar
600ml/1 litro de caldo
250ml/8 fl oz extra de cerveja ou caldo
450g de tomate picado, suco não extraído
400g/14 onças de feijão de pimenta com molho de pimenta
400g/14 onças de feijão enlatado, escorrido e enxaguado
1 cebola picada
1 pimentão verde picado
1 pimenta jalapeño finamente picada
3 dentes grandes de alho esmagados
1 colher de sopa de cominho moído
3 colheres de sopa de pimenta em pó ou a gosto
1 colher de chá de tomilho seco
sal e pimenta preta moída na hora
creme de leite, para enfeitar

Cozinhe a carne e a linguiça em uma frigideira untada em fogo médio, partindo com um garfo, até dourar, cerca de 8 minutos. Combine com outros ingredientes, exceto sal e pimenta, na panela elétrica. Cubra e cozinhe em fogo baixo por 6 a 8 horas. Polvilhe com sal e pimenta. Cubra cada porção com um bocado de creme de leite.

Abóbora com pimenta amarela e feijão cannellini

Este chili vibrante recheado com vegetais e carne de porco é uma boa refeição em família. Você também pode usar abóbora amarela em vez de abobrinha.

Serviço 6

450 g de carne de porco magra

óleo, para lubrificar

1 litro/1¾ litro de caldo de galinha

250ml/8 fl oz de vinho branco seco ou caldo de galinha

100g/4 onças de feijão canelini seco

100g/4 onças de grão de bico seco

2 cebolas picadas

1 pimentão amarelo picado

100 g de alho-poró em fatias finas

175g de abóbora amarela, cortada em cubos, como uma forma de torta

175g de batatas cozidas, descascadas e picadas

2 dentes de alho esmagados

2 colheres de chá de jalapeño picado ou outra pimenta meio picante

2 colheres de chá de sementes de cominho

1 colher de chá de tomilho seco

1 colher de chá de pimenta malagueta

½ colher de chá de coentro moído

½ colher de chá de canela em pó

1 folha de louro

sal e pimenta preta moída na hora, a gosto

1 tomate pequeno, picado finamente

2 cebolinhas em fatias finas

3 colheres de sopa de coentro fresco picado

Cozinhe a carne de porco em uma frigideira grande levemente untada com óleo, partindo-a com um garfo, até dourar, cerca de 8 minutos. Combine a carne de porco e todos os outros ingredientes, exceto sal, pimenta, tomate picado, cebolinha e coentro fresco em uma panela elétrica de 5,5 litros. Cubra e cozinhe em fogo baixo por 7 a 8 horas até que o feijão esteja macio. Polvilhe com sal e pimenta. Descarte a folha de louro. Polvilhe cada tigela de pimenta com tomate, cebolinha e coentro fresco.

Pimenta mediterrânea

Esta variação de uma receita padrão de chili contém apenas vegetais e legumes saudáveis.

Serviço 6

450 g de cordeiro ou carne moída magra
óleo, para lubrificar
1 litro/1¾ litro de caldo de galinha
250ml/8 fl oz de vinho branco seco ou caldo de galinha
100g/4 onças de feijão canelini seco
100g/4 onças de grão de bico seco
2 cebolas picadas
1 pimentão amarelo picado
200g Kalamata ou outras azeitonas pretas, fatiadas
100 g de alho-poró em fatias finas
175g de abóbora amarela ou abóbora amarela cortada em cubos, como em uma forma de torta
175g de batatas cozidas, descascadas e picadas
2 dentes de alho esmagados
2 colheres de chá de jalapeño picado ou outra pimenta meio picante
2 colheres de chá de sementes de cominho
1 colher de chá de tomilho seco

1 colher de chá de pimenta malagueta

½ colher de chá de coentro moído

½ colher de chá de canela em pó

1 folha de louro

sal e pimenta preta moída na hora, a gosto

175g/6 onças de cuscuz

1 tomate pequeno, picado finamente

2 cebolinhas em fatias finas

3 colheres de sopa de coentro fresco picado

6 colheres de sopa de queijo feta esfarelado

Cozinhe o cordeiro ou a carne em uma frigideira grande levemente untada com óleo, esfarelando-a com um garfo, até dourar, cerca de 8 minutos. Combine a carne e todos os outros ingredientes, exceto sal, pimenta, tomate picado, cebolinha, coentro fresco, cuscuz e queijo feta em uma panela elétrica de 5,5 litros. Cubra e cozinhe em fogo baixo por 7 a 8 horas até que o feijão esteja macio. Polvilhe com sal e pimenta. Prepare o cuscuz conforme instruções da embalagem. Retire a folha de louro da mistura de pimenta. Sirva o chili sobre o cuscuz e polvilhe cada porção com tomate, cebolinha, coentro fresco e queijo feta.

Pimenta com Feijão

Este simples chili de carne e peru é ótimo para levar para casa no final de um dia agitado.

para 8 pessoas

450 g de carne moída magra
450g de peru moído
óleo, para lubrificar
2 cebolas grandes picadas
3 dentes de alho esmagados
175g/6oz de purê de tomate
550 g de molho de tomate com ervas em pote
2 x 400g/14 onças de feijão enlatado, escorrido e enxaguado
2 colheres de sopa de pimenta em pó ou a gosto
1 colher de chá de tomilho seco
sal e pimenta preta moída na hora, a gosto

Cozinhe a carne moída e o peru em uma frigideira grande levemente untada com óleo em fogo médio até que a carne esteja dourada, cerca de 10 minutos, e desfie a carne com um garfo. Na panela elétrica, misture a carne e outros ingredientes, exceto sal e pimenta. Cubra e cozinhe em fogo baixo por 6 a 8 horas. Polvilhe com sal e pimenta.

Feijão pimenta preta e branca

Feito com feijão preto e feijão canelini, este chili ganha sabor e cor com tomate seco.

para 4 pessoas

350g/12oz de carne moída magra
óleo, para lubrificar
2 caixas de 400g de tomate picado
400g de feijão canelini, escorrido e enxaguado
400g de feijão preto ou feijão, escorrido e enxaguado
2 cebolas picadas
½ pimentão verde picado
15g de tomate seco ao sol (não em óleo), picado
1 jalapeño ou outra pimenta, picada finamente
2 dentes de alho esmagados
2-3 colheres de sopa de pimenta em pó ou a gosto
1-1½ colher de chá de cominho em pó
1-1½ colher de chá de tomilho seco
1 folha de louro
sal e pimenta preta moída na hora, a gosto
15g de coentro fresco, picado finamente

Cozinhe a carne em uma frigideira grande levemente untada com óleo em fogo médio até dourar, 8 a 10 minutos, quebrando com um garfo. Combine a carne e todos os outros ingredientes, exceto sal, pimenta e coentro fresco, na panela elétrica. Cubra e cozinhe em fogo baixo por 6 a 8 horas. Descarte a folha de louro. Polvilhe com sal e pimenta. Adicione coentro fresco.

Chili com Feijão e Cerveja

Este pimentão é muito fácil de preparar. A cerveja dá riqueza ao molho, que fica ainda melhor quando cozido por muito tempo.

Serviço 6

450 g de carne moída magra
óleo, para lubrificar
600ml/1 litro de caldo
250ml/8 fl oz de cerveja
450g de tomate picado, suco não extraído
400g/14 onças de feijão de pimenta com molho de pimenta
400g/14 onças de feijão enlatado, escorrido e enxaguado
3 dentes grandes de alho esmagados
1 colher de sopa de cominho moído
3 colheres de sopa de pimenta em pó ou a gosto
1 colher de chá de tomilho seco
sal e pimenta preta moída na hora, a gosto

Cozinhe a carne moída em uma frigideira grande levemente untada com óleo em fogo médio, partindo com um garfo, até dourar, cerca de 8 minutos. Na panela elétrica, misture os ingredientes restantes, exceto a carne moída, o sal e a pimenta. Cubra e cozinhe em fogo baixo por 6 a 8 horas. Polvilhe com sal e pimenta.

Feijão Picante Fusilli

Use seus formatos favoritos de feijão e massa neste versátil chili.

para 8 pessoas

450 g de carne moída magra
óleo, para lubrificar
2 latas de 400g/14 onças de tomate em cubos com alho
400g de grão de bico enlatado, escorrido e enxaguado
400g/14 onças de feijão vermelho, escorrido e enxaguado
4 cebolas picadas
100g de cogumelo botão, fatiado
1 talo de aipo fatiado
120ml/4 fl oz de vinho branco ou água
2 colheres de sopa de pimenta em pó ou a gosto
¾ colher de chá de tomilho seco
¾ colher de chá de tomilho seco
¾ colher de chá de cominho em pó
225g de fusilli cozido
sal e pimenta preta moída na hora, a gosto
3-4 colheres de sopa de azeitonas verdes ou pretas fatiadas

Cozinhe a carne em uma frigideira grande levemente untada com óleo em fogo médio até dourar, 8 a 10 minutos, quebrando com um garfo. Combine a carne e os ingredientes restantes, exceto fusilli, sal, pimenta e azeitonas em uma panela elétrica de 5,5 litros. Tampe e cozinhe em fogo baixo por 6 a 8 horas, acrescentando o macarrão nos últimos 20 minutos. Polvilhe com sal e pimenta. Polvilhe azeitonas em cada tigela de sopa.

Lentilhas Amargas com Bacon e Cerveja

Limão, cerveja e bacon tornam este chili diferente e delicioso.

para 4 pessoas

750ml/1 ¼ litro de caldo de carne
250ml/8 fl oz de cerveja ou caldo
75g de lentilhas secas, enxaguadas
75g de feijão preto seco, enxaguado
1 cebola média picada
3 dentes grandes de alho esmagados
1 colher de sopa de jalapeño picado ou outra pimenta meio picante
1 colher de sopa de pimenta malagueta
1 colher de chá de cominho em pó
1 colher de chá de alecrim seco picado
225g/8oz de tomates em cubos enlatados
suco de 1 limão
sal e pimenta preta moída na hora, a gosto
4 fatias de bacon, cozidas até ficarem crocantes e quebradiças

Na panela elétrica, misture todos os ingredientes, exceto o tomate, o suco de limão, o sal, a pimenta e o bacon. Cubra e cozinhe em fogo alto até o feijão ficar macio, 5 a 6 horas, acrescentando os tomates nos últimos 30 minutos. Adicione suco de limão. Polvilhe com sal e pimenta. Polvilhe cada tigela de pimenta sobre o bacon.

Legumes e Lentilhas Amargas

As lentilhas adicionam ótima textura a este pimentão sem carne nutritivo e farto.

para 4 pessoas

1 litro/1¾ litro de caldo de legumes
250ml/8 fl oz de água
400g/14 onças de tomate picado em lata
130g de lentilhas marrons secas
100g de milho doce, descongelado se congelado
2 cebolas picadas
1 pimentão vermelho ou verde picado
1 cenoura pequena, fatiada
½ talo de aipo fatiado
1 dente de alho amassado
½-1 colher de sopa de pimenta malagueta
¾ colher de chá de cominho em pó
1 folha de louro
sal e pimenta preta moída na hora, a gosto

Combine todos os ingredientes, exceto sal e pimenta, na panela elétrica. Cubra e cozinhe em fogo baixo por 6 a 8 horas. Descarte a folha de louro. Polvilhe com sal e pimenta.

Feijão preto e branco, pimentão vegetariano

Os feijões preto e branco dão a este pimentão vegetariano uma textura e aparência atraentes. Seu sabor quente vem das sementes de cominho torradas.

para 4 pessoas

450ml/¾ litro de suco de tomate
250 ml/8 fl oz de caldo de legumes
2 colheres de sopa de purê de tomate
400g de feijão preto em lata, escorrido e enxaguado
400g de canelini ou feijão canelini, escorrido e enxaguado
1 cebola picada
1 pimentão, sementes removidas e picadas finamente
1 colher de chá de pimenta vermelha
1 colher de chá de sementes de cominho torradas
50g de arroz selvagem, cozido
sal e pimenta preta moída na hora, a gosto

Combine todos os ingredientes, exceto arroz selvagem, sal e pimenta na panela elétrica. Tampe e cozinhe em fogo baixo por 6-8 horas, acrescentando o arroz selvagem nos últimos 30 minutos. Polvilhe com sal e pimenta.

Pimentão com Feijão e Milho Doce

Este chili fácil é muito picante! Para uma versão menos picante, substitua o feijão de pimenta por uma lata de feijão ou feijão escorrido e enxaguado.

para 4 pessoas

400g/14oz de feijão de pimenta enlatado
250 ml/8 fl oz de caldo de legumes
400g/14 onças de tomate picado em lata
1 pimentão verde picado
100g de milho doce, descongelado se congelado
1 cebola picada
2 dentes de alho esmagados
1–3 colheres de chá de pimenta moída
sal e pimenta preta moída na hora, a gosto

Combine todos os ingredientes, exceto sal e pimenta, na panela elétrica. Cubra e cozinhe em fogo baixo por 6 a 8 horas. Polvilhe com sal e pimenta.

carne com pimenta

A variedade de ingredientes torna divertido servir este chili - acrescente também outras coberturas, como pimentão e tomate em cubos e tomilho fresco picado ou coentro fresco.

6-8 pessoas

6 caixas de 400g de tomate picado
400g/14 onças de feijão vermelho, escorrido e enxaguado
175g/6oz de purê de tomate
175ml/6 fl oz de cerveja ou água
350g de carne moída de soja com sabor de quorn ou carne
2 cebolas picadas
1 pimentão verde picado
2 dentes de alho esmagados
1 colher de sopa de açúcar mascavo claro
1 colher de sopa de cacau em pó
1-2 colheres de sopa de pimenta
1-2 colheres de chá de cominho em pó
1-2 colheres de chá de tomilho seco
¼ colher de chá de cravo moído
sal e pimenta preta moída na hora, a gosto
coberturas: queijo ralado, creme de leite, cebolinha em fatias finas

Combine todos os ingredientes, exceto sal e pimenta, em uma panela elétrica de 5,5 litros/9½ litros. Cubra e cozinhe em fogo baixo por 6 a 8 horas. Polvilhe com sal e pimenta. Sirva com coberturas.

tortilha quente

Um delicioso prato de tomate polvilhado com tortilhas.

6-8 pessoas

6 caixas de 400g de tomate picado
400g/14 onças de feijão preto ou feijão enlatado, escorrido e enxaguado
175g/6oz de purê de tomate
175ml/6 fl oz de cerveja ou água
350g de carne moída de soja com sabor de quorn ou carne
2 cebolas picadas
1 jalapeño ou outra pimenta, picada finamente
1 pimentão verde picado
2 dentes de alho esmagados
1 colher de sopa de açúcar mascavo claro
1 colher de sopa de cacau em pó
1-2 colheres de sopa de pimenta
1-2 colheres de chá de cominho em pó
1-2 colheres de chá de tomilho seco
¼ colher de chá de cravo moído
sal e pimenta preta moída na hora, a gosto
chips de tortilha picados e folhas de coentro fresco picado para enfeitar

Combine todos os ingredientes, exceto sal, pimenta e guarnições, em uma panela elétrica de 5,5 litros/9½ litros. Cubra e cozinhe em fogo baixo por 6 a 8 horas. Polvilhe com sal e pimenta. Sirva com chips de tortilha e polvilhe com coentro.

Batata Doce Chipotle Chili

Se você é fã de comida mexicana, pode adicionar pimenta chipotle - pimenta jalapeño seca e defumada - em molho de adobo à sua despensa. Eles estão disponíveis em fornecedores especializados. Prove antes de adicionar mais porque podem estar muito quentes!

para 4 pessoas

2 latas de 400g/14 onças de feijão preto, escorrido e enxaguado
400g/14 onças de tomate picado em lata
250 ml/8 fl oz de água ou caldo de legumes
500g de batata doce, descascada e picada
2 cebolas picadas
1 pimentão verde picado
1 cm/½ pedaço de raiz de gengibre fresco, ralado finamente
1 dente de alho amassado
1 colher de chá de sementes de cominho picadas
½-1 pimenta chipotle pequena, com molho de adobo, picada
sal a gosto

Combine todos os ingredientes, exceto pimenta chipotle e sal, na panela elétrica. Tampe e cozinhe em fogo baixo por 6 a 8 horas, acrescentando pimenta chipotle nos últimos 30 minutos. Tempere com sal.

Pimenta sálvia com tomate fresco Fresco

Tomates frescos e sálvia seca acrescentam um sabor diferente a esta pimenta. Escolha tomates maduros da estação para obter o melhor sabor.

para 4 pessoas

2 latas de 400g de feijão-fradinho, escorrido e enxaguado
750 g de tomates cortados em rodelas
4 cebolinhas, fatiadas
3 dentes de alho em fatias finas
1 pimentão vermelho grande, torrado, sem sementes e picado finamente
½–2 colheres de sopa de pimenta moída
1 colher de chá de cominho em pó
1 colher de chá de coentro moído
¾ colher de chá de sálvia seca
sal e pimenta preta moída na hora, a gosto

Combine todos os ingredientes, exceto sal e pimenta, na panela elétrica. Cubra e cozinhe em fogo baixo por 8 a 9 horas. Polvilhe com sal e pimenta.

Feijão Preto, Arroz e Milho Quente

Para provar a culinária mexicana, use feijão preto neste chili vegetal rápido e fácil, mas feijão vermelho também funcionaria.

para 4 pessoas

2 caixas de 400g de tomate picado
400g de feijão preto em lata, escorrido e enxaguado
50g de milho doce, descongelado se congelado
3 cebolas picadas
1 pimentão vermelho grande picado
1 jalapeño ou outra pimenta, picada finamente
3 dentes de alho esmagados
½-1 colher de sopa de pimenta malagueta
1 colher de chá de pimenta da Jamaica moída
25g de arroz cozido
sal e pimenta preta moída na hora, a gosto

Na panela elétrica, misture todos os ingredientes, exceto o arroz, o sal e a pimenta. Tampe e cozinhe em fogo baixo por 8-9 horas, acrescentando o arroz nos últimos 15 minutos. Polvilhe com sal e pimenta.

molho amargo

O molho pronto é útil para guardar na despensa para dar sabor e textura a pratos como este.

para 4 pessoas

400g/14 onças de tomate picado em lata

400g/14 onças de feijão vermelho, escorrido e enxaguado
250ml/8 fl oz de água
120 ml/4 fl oz de molho instantâneo médio ou picante
50g de milho doce, descongelado se congelado
½-1 colher de sopa de pimenta malagueta
½-1 colher de chá de jalapeño ou outra pimenta, picada finamente
90g/3½ onças de cevada pérola
sal e pimenta preta moída na hora, a gosto
50 g de queijo cheddar velho ralado

Combine todos os ingredientes, exceto cevada, sal, pimenta e queijo na panela elétrica. Cubra e cozinhe em fogo baixo por 6-8 horas, adicionando cevada nos últimos 40 minutos. Polvilhe com sal e pimenta. Polvilhe queijo ralado em cada tigela.

pimenta caribenha

Este farto chili de três feijões sem carne é acentuado com molho de manga. Sirva com arroz integral, se desejar.

Serviço 6

2 caixas de 400g de tomate picado
400g/14 onças de feijão enlatado, escorrido e enxaguado
400g de feijão canelini, escorrido e enxaguado

400g de feijão preto em lata, escorrido e enxaguado
2 pimentões vermelhos ou verdes picados
2 cebolas picadas
1 jalapeño ou outra pimenta, picada finamente
2 cm/¾ de raiz de gengibre fresco picado, ralado finamente
2 colheres de chá de açúcar
3 dentes grandes de alho esmagados
1 colher de sopa de cominho moído
2 colheres de sopa de pimenta vermelha
½–2 colheres de sopa de pimenta moída
¼ colher de chá de cravo moído
1 colher de sopa de suco de limão
sal e pimenta preta moída na hora, a gosto
Molho de manga (veja abaixo)

Combine todos os ingredientes, exceto sal, pimenta e molho de manga, em uma panela elétrica de 5,5 litros/9½ litros. Cubra e cozinhe em fogo baixo por 6 a 8 horas. Polvilhe com sal e pimenta. Sirva com molho de manga.

molho de manga

Um delicioso molho picante que pode servir com pratos picantes.

Adequado para 6 pessoas como acompanhamento

1 manga picada

1 banana picada

15g de coentro fresco picado

½ jalapeño pequeno ou outra pimenta meio picante, picada finamente

1 colher de sopa de concentrado de abacaxi ou suco de laranja

1 colher de chá de suco de limão

Combine todos os ingredientes.

Carne frita com macarrão

Corte este assado perfeitamente cozido e sirva com fettuccine.

para 8 pessoas

1 rosbife desossado, por exemplo, alcatra (cerca de 1,5kg/3lb)
sal e pimenta preta moída na hora, a gosto
2 cebolas fatiadas
120ml/4 fl oz de caldo de carne
50 g/2 onças de petits pois congelados, descongelados
1 colher de sopa de amido de milho
2 colheres de sopa de água
50g de parmesão ralado na hora ou alface romana
450 g de fettuccine cozido e quente

Tempere levemente a carne com sal e pimenta. Coloque na panela elétrica com cebola e caldo. Insira um termômetro de carne com a ponta no centro do assado. Cubra e cozinhe em fogo baixo até que um termômetro de carne registre 68ºC para mal passado, cerca de 4 horas. Transfira para um prato e cubra frouxamente com papel alumínio.

Adicione as ervilhas à panela elétrica. Cubra e cozinhe em fogo alto por 10 minutos. Adicione o fubá e a água combinados, mexendo por 2 a 3 minutos. Adicione o queijo. Polvilhe com sal e pimenta. Misture com macarrão e sirva com carne.

Rosbife com Molho de Rábano

Se desejar, você pode usar queijo romano em vez de parmesão. Use mais ou menos raiz-forte a seu gosto.

para 8 pessoas

1 rosbife desossado, por exemplo, alcatra (cerca de 1,5kg/3lb)
sal e pimenta preta moída na hora, a gosto
2 cebolas fatiadas
120ml/4 fl oz de caldo de carne
50 g/2 onças de petits pois congelados, descongelados
1 colher de sopa de amido de milho
2 colheres de sopa de água
50 g de parmesão ralado na hora
2 colheres de sopa de raiz-forte preparada
uma pitada generosa de pimenta caiena
250ml/8 fl oz de chantilly

Tempere levemente a carne com sal e pimenta. Coloque na panela elétrica com cebola e caldo. Insira um termômetro de carne com a ponta no centro do assado. Cubra e cozinhe em fogo baixo até que um termômetro de carne registre 68ºC para mal passado, cerca de 4 horas. Transfira para um prato e cubra frouxamente com papel alumínio.

Adicione as ervilhas à panela elétrica. Cubra e cozinhe em fogo alto por 10 minutos. Adicione o fubá e a água combinados, mexendo por 2 a 3 minutos. Adicione o parmesão. Polvilhe com sal e pimenta. Misture a raiz-forte, a pimenta e o chantilly e sirva com a vitela.

Sauerbraten

Quanto mais tempo você marinar a carne, mais saborosa ela ficará. Muitas receitas de sauerbraten não incluem creme de leite, então omita-o se preferir.

8 a 10 pessoas

450ml/¾ litro de água
250ml/8 fl oz de vinho tinto seco
1 cebola grande em fatias finas
2 colheres de sopa de picles
12 dentes inteiros
12 grãos de pimenta preta
2 folhas de louro
1½ colher de chá de sal
1 rosbife desossado, como alcatra ou bife de alcatra (cerca de 1,5 kg)
75 g de biscoitos de gengibre picados finamente
150ml/¼ litro de creme de leite
2 colheres de sopa de amido de milho

Aqueça água, vinho, cebola, temperos e sal em uma panela grande. Frio. Despeje a mistura sobre a carne na panela elétrica. Leve a caçarola à geladeira, tampada, por pelo menos 1 dia.

Coloque a caçarola na panela elétrica. Cubra e cozinhe em fogo baixo por 6 a 8 horas. Coloque a carne em uma travessa e mantenha aquecida. Misture os biscoitos de gengibre ao caldo. Adicione o creme de leite e o amido de milho combinados, mexendo por 2 a 3 minutos. Sirva o molho sobre a carne fatiada.

Fritando em uma frigideira

Assado com legumes é imbatível para uma refeição fria – adicione vinho tinto para dar sabor extra.

para 8 pessoas

1,5kg/3lb de rosbife
2 cebolas grandes, cortadas ao meio e fatiadas
1 pacote de sopa de cebola
450 g de cenouras em fatias grossas
1 kg/2¼ lb de batata cerosa, com casca
½ repolho pequeno, cortado em 6-8 pedaços
sal e pimenta preta moída na hora, a gosto
120ml/4 fl oz de vinho tinto seco ou caldo

Coloque a carne em uma panela elétrica de 5,5 litros sobre as cebolas e polvilhe com a mistura de sopa. Disponha os legumes em volta da carne e tempere levemente com sal e pimenta. Adicione o vinho ou a água, tampe e cozinhe em fogo baixo por 6-8 horas. Sirva carne e legumes com caldo ou use para fazer molho.

Observação: Para fazer o molho, meça a água e despeje em uma panela. Aqueça até ferver. Para cada 250 mL de caldo, misture 2 colheres de sopa de farinha com 50 mL de água fria e bata até engrossar, cerca de 1 minuto.

cafeteira frita

Receita preferida da amiga Judy Pompei, a carne bovina é temperada com adição de café e molho de soja.

para 10 pessoas

2 cebolas grandes, fatiadas
1 rosbife desossado, por exemplo, alcatra (cerca de 1,5kg/3lb)
250ml/8 fl oz de café forte
50 ml de molho de soja
1 dente de alho amassado
1 colher de chá de tomilho seco
2 folhas de louro

Coloque metade das cebolas na panela elétrica. Cubra com o restante da carne e da cebola. Adicione os ingredientes restantes. Cubra e cozinhe em fogo baixo por 6 a 8 horas. Sirva a carne com o caldo.

carne de Borgonha

Esta é a opinião de Catherine Atkinson sobre este clássico robusto e muito querido da região francesa da Borgonha.

para 4 pessoas

175g de cebola roxa, sem casca
2 colheres de sopa de azeite
100g de bacon defumado, sem crosta, cortado em pedaços pequenos
100 g de cogumelos botão napolitanos
2 dentes de alho esmagados ou 10 ml/2 colheres de chá de purê de alho
250ml/8 fl oz de caldo de carne
700g/1½lb de bife grelhado ou magro, limpo e cortado em cubos de 5cm/2
2 colheres de chá 00 de farinha
250ml/8 fl oz de vinho tinto
1 raminho de tomilho fresco ou 2,5 ml/½ colher de chá de tomilho seco
1 folha de louro
sal e pimenta preta moída na hora
2 colheres de sopa de salsa fresca picada
purê de batata cremoso e um vegetal verde para servir

Coloque as cebolas em uma tigela resistente ao calor e despeje água fervente o suficiente para cobri-las. Deixe descansar por 5 minutos. Enquanto isso, aqueça 1 colher de sopa de óleo em uma panela, acrescente o bacon e frite até dourar. Transfira para a panela elétrica com uma escumadeira, reservando todo o azeite e os sucos. Escorra as cebolas e retire as cascas quando esfriarem o suficiente para serem manuseadas. Adicione à panela e cozinhe delicadamente até começar a dourar. Adicione os cogumelos e o alho e cozinhe, mexendo, por 2 minutos. Transfira os legumes para a panela. Despeje o caldo, feche a tampa e coloque a panela elétrica em alta ou baixa.

Aqueça o óleo restante na frigideira e frite a carne em cubos até dourar por todos os lados. Polvilhe a farinha sobre a carne e misture bem. Aos poucos, despeje o vinho, mexendo sempre, até o molho ferver e engrossar. Adicione o tomilho, o louro, o sal e a pimenta à panela elétrica. Cozinhe a caçarola em alta por 3-4 horas ou em baixa por 6-8 horas ou até que a carne e os vegetais estejam bem macios. Retire o raminho de tomilho e a folha de louro. Polvilhe com salsa e sirva com purê de batata cremoso e legumes verdes.

peito grelhado

Este delicioso peito é feito com uma simples mistura de especiarias e cozido lentamente até a perfeição em molho barbecue.

para 10 pessoas

1 peito de boi aparado (cerca de 1,5 kg/3 lb)
esfregue as especiarias
450ml/¾ litro de molho barbecue instantâneo
50 ml de vinagre de vinho tinto
50g de açúcar mascavo light
2 cebolas médias, fatiadas
120ml/4 fl oz de água
450 g de fettuccine cozido e quente

Esfregue o peito com o Spice Rub e coloque na panela elétrica. Adicione outros ingredientes combinados, exceto fettuccine. Cubra e cozinhe em fogo baixo por 6-8 horas, aumentando o fogo nos últimos 20-30 minutos. Transfira o peito para um prato e deixe descansar, coberto com papel alumínio, por cerca de 10 minutos. Fatie e sirva sobre o macarrão com molho barbecue e cebola.

Sanduíches De Carne Grelhada

O humilde sanduíche vira um verdadeiro banquete com esta receita.

para 10 pessoas

1 peito de boi aparado (cerca de 1,5 kg/3 lb)
Esfoliante de especiarias (veja abaixo)
450ml/¾ litro de molho barbecue instantâneo
50 ml de vinagre de vinho tinto
50g de açúcar mascavo light
2 cebolas médias, fatiadas
120ml/4 fl oz de água
baguete ou sanduíche
salada de repolho

Esfregue o peito com o Spice Rub e coloque na panela elétrica. Adicione baguete ou pãozinho e outros ingredientes combinados, exceto salada de repolho. Cubra e cozinhe em fogo baixo por 6-8 horas, aumentando o fogo nos últimos 20-30 minutos. Transfira o peito para um prato e deixe descansar, coberto com papel alumínio, por cerca de 10 minutos. Desfie o peito com um garfo e misture à mistura de churrasco. Coloque a carne dentro de pedaços de baguete ou pãozinho e decore com salada de repolho.

esfregue as especiarias

Ótimo para pratos de carne.

por 3 colheres de sopa

2 colheres de sopa de salsa fresca picada
1 dente de alho amassado
½ colher de chá de sal aromatizado
½ colher de chá de gengibre em pó
½ colher de chá de coco ralado na hora
½ colher de chá de pimenta

Misture todos os ingredientes até incorporar completamente.

bife de flanco com recheio de cogumelos

O recheio de bacon, cogumelos e tomilho fica muito bom dentro da carne tenramente cozida.

Serviço 6

3 fatias de bacon
225g de cogumelos marrons, fatiados
½ cebola picada
¾ colher de chá de tomilho seco
sal e pimenta preta moída na hora, a gosto
700g / 1½ lb de carne desossada de espessura
175 ml/6 fl oz de vinho tinto seco ou caldo
100g de arroz cozido e quente

Cozinhe o bacon em uma frigideira grande até ficar crocante. Escorra e esfarele. Descarte tudo, exceto 1 colher de sopa de gordura de bacon. Adicione os cogumelos, a cebola e o tomilho à frigideira e refogue até ficarem macios, 5 a 8 minutos. Combine o bacon. Polvilhe com sal e pimenta.

Se necessário, bata a carne com um amaciador de carne para obter uma espessura uniforme. Despeje o recheio sobre a carne e embrulhe, começando pela borda longa. Prenda com espetos curtos e coloque na panela elétrica. Adicione o vinho ou água. Cubra e cozinhe em fogo baixo por 6 a 8 horas. Fatie e sirva com arroz.

Peito Refogado na Cerveja

Marinar é a chave do sucesso desta carne tenra e suculenta.

para 4-6 pessoas

1,25 kg/2½ lbs.
300ml/½ litro de cerveja
sal e pimenta preta moída na hora
25g/1oz de gotejamento de vitela, gordura vegetal branca ou óleo de girassol
2 cebolas cortadas em 8 fatias cada
2 cenouras, cortadas em quartos
2 talos de aipo em fatias grossas
2 raminhos de tomilho fresco
2 folhas de louro
2 dentes inteiros
150ml/¼ litro de caldo quente
1 colher de sopa de amido de milho (amido de milho)

Coloque em uma tigela grande o suficiente para acomodar a carne e despeje a cerveja por cima. Cubra e deixe marinar na geladeira por pelo menos 8 horas, ou durante a noite se quiser, virando várias vezes se possível. Escorra a carne, reserve a cerveja e seque. Tempere bem a carne com sal e pimenta. Aqueça a gordura vegetal, a gordura vegetal ou o óleo em uma frigideira grande e pesada até ficar bem quente. Adicione a carne e vire frequentemente até dourar bem. Levante a carne para um prato.

Despeje um pouco de óleo na panela e adicione a cebola, a cenoura e o aipo. Cozinhe por alguns minutos até dourar levemente e começar a amolecer. Disponha os legumes em uma única fileira no fundo da panela de cerâmica. Coloque a carne por cima e adicione os vegetais restantes nas bordas da carne. Adicione o tomilho, o louro e o cravo. Despeje a marinada de cerveja sobre a carne e depois despeje o caldo. Feche a tampa e cozinhe em fogo baixo por 5 a 8 horas ou até que a carne e os vegetais estejam cozidos e macios. Vire a carne e regue com o molho uma ou duas vezes durante o cozimento.

Retire a carne e coloque-a sobre um prato aquecido ou tábua de cortar. Cubra com papel alumínio e deixe descansar por 10 minutos antes de cortar em fatias grossas. Enquanto isso, retire os sucos e a gordura do molho em uma tigela de cerâmica. Numa panela, misture o amido de milho com um pouco de água fria e depois coe a água (reserve os legumes, descartando o louro e o tomilho). Deixe ferver, mexendo até borbulhar e engrossar. Prove e ajuste o tempero se necessário. Sirva o molho rico com carne e legumes.

Peito de Carne Recheado com Legumes

Após um cozimento longo e lento, a carne ficará muito macia e maravilhosamente recheada com esta emocionante seleção de vegetais.

Serviço 6

40 g de cogumelos fatiados
½ cebola picada
½ cenoura picada
50g de abobrinha picada
25g de milho doce, descongelado se congelado
¾ colher de chá de alecrim seco
1 colher de sopa de azeite
sal e pimenta preta moída na hora, a gosto
700g / 1½ lb de carne desossada de espessura
400g/14 onças de tomate picado em lata
100g de arroz cozido e quente

Numa frigideira refogue os cogumelos, a cebola, a cenoura, a abobrinha, o milho e o alecrim no azeite durante 5-8 minutos até amolecerem. Polvilhe com sal e pimenta.

Se necessário, bata a carne com um amaciador de carne para obter uma espessura uniforme. Despeje o recheio sobre a carne e embrulhe, começando pela borda longa. Prenda com espetos curtos e coloque na panela elétrica. Adicione os tomates. Cubra e cozinhe em fogo baixo por 6 a 8 horas. Fatie e sirva com arroz.

Bicarbonato de Carne

Basta uma pequena quantidade de cerveja para dar sabor a este famoso prato belga, por isso é uma boa ideia escolher uma que você goste de beber.

para 4 pessoas

700 g/1½ lb de bife grelhado ou magro, aparado
2 colheres de sopa de óleo de girassol
1 cebola grande em fatias finas
2 dentes de alho esmagados ou 2 colheres de chá de purê de alho
2 colheres de chá de açúcar mascavo macio
1 colher de sopa de farinha 00
250ml/8 fl oz de cerveja
250ml/8 fl oz de caldo de carne
1 colher de chá de vinagre de vinho
1 folha de louro
sal e pimenta preta moída na hora
salsa fresca picada para enfeitar
pão francês crocante para servir

Corte a carne em pedaços de aproximadamente 5cm/2 polegadas quadrados e 1cm/½ de espessura. Numa frigideira aqueça 1 colher de sopa de óleo e frite a carne por todos os lados. Transfira para uma panela de cerâmica com uma escumadeira, deixando o suco na panela. Adicione o óleo restante na panela. Adicione a cebola e cozinhe delicadamente por 5 minutos. Junte o alho e o açúcar, depois polvilhe a farinha e misture bem. Aos poucos adicione a cerveja e deixe ferver. Ferva por um minuto e desligue o fogo. Despeje a mistura sobre a carne e acrescente o caldo e o vinagre. Adicione a folha de louro e tempere com sal e pimenta. Cubra com tampa. Cozinhe em fogo alto por 1 hora, depois reduza o fogo para baixo e cozinhe por mais 5 a 7 horas ou até que a carne esteja bem macia.

Retire a folha de louro e ajuste o tempero se necessário. Sirva imediatamente a caçarola, guarnecida com um pouco de salsa fresca picada e acompanhada de pão francês torrado.

Rouladen

Bifes finos tornam esses wraps de carne e presunto fáceis.

para 4 pessoas

4 bifes pequenos ou 2 grandes e finos (cerca de 450g/1lb de peso total)
sal e pimenta preta moída na hora, a gosto
4 fatias de presunto defumado (cerca de 25g cada)
100g de cogumelos picados finamente
3 colheres de sopa de salsa picada
½ cebola picada
1-2 colheres de sopa de mostarda Dijon
1 colher de chá de endro seco
120ml/4 fl oz de caldo de carne

Tempere levemente os bifes com sal e pimenta. Cubra cada bife com uma fatia de presunto. Misture todos os ingredientes menos o caldo e espalhe sobre as fatias de presunto. Junte os bifes e prenda-os com palitos de coquetel. Coloque o lado da costura voltado para baixo na panela elétrica. Adicione o caldo. Cubra e cozinhe em fogo baixo por 5-6 horas.

Rouladen italiano

Provolone é um queijo italiano semelhante à mussarela, mas com sabor muito mais encorpado.

para 4 pessoas

4 bifes pequenos ou 2 grandes e finos (cerca de 450g/1lb de peso total)
sal e pimenta preta moída na hora, a gosto
4 fatias de presunto defumado (cerca de 25g cada)
4 fatias de Provolone
4 colheres de sopa de tomate seco picado
2 colheres de chá de endro seco
120ml/4 fl oz de caldo de carne

Tempere levemente os bifes com sal e pimenta. Cubra cada bife com uma fatia de presunto. Misture o queijo e o tomate e espalhe sobre as fatias de presunto. Polvilhe com endro. Junte os bifes e prenda-os com palitos de coquetel. Coloque o lado da costura voltado para baixo na panela elétrica. Adicione o caldo. Cubra e cozinhe em fogo baixo por 5-6 horas.

Rouladen grego

Um sabor único na Grécia, acompanhado de queijo feta e azeitonas.

para 4 pessoas

4 bifes pequenos ou 2 grandes e finos (cerca de 450g/1lb de peso total)
sal e pimenta preta moída na hora, a gosto
50g de queijo branco
2 cebolinhas picadas finamente
4 tomates secos ao sol, picados
25g de azeitonas gregas fatiadas
120ml/4 fl oz de caldo de carne

Tempere levemente os bifes com sal e pimenta. Amasse o queijo com a cebola, o tomate seco e as azeitonas e espalhe sobre os bifes. Junte os bifes e prenda-os com palitos de coquetel. Coloque o lado da costura voltado para baixo na panela elétrica. Adicione o caldo. Cubra e cozinhe em fogo baixo por 5-6 horas.

costela frita

Você achará essas costelas particularmente saborosas e suculentas. Roer ossos é permitido!

para 4 pessoas

250 ml/8 fl oz de vinho tinto seco ou caldo
4 cenouras grandes, cortadas em fatias grossas
1 cebola grande, cortada em rodelas
2 folhas de louro
1 colher de chá de manjerona seca
900g / 2lbs de costela bovina

Misture todos os ingredientes na panela elétrica e coloque as costelas por cima. Cubra e cozinhe em fogo baixo por 7 a 8 horas.

Carne picante com raiz-forte

O sabor picante desta caçarola Catherine Atkinson é obtido com uma mistura de creme de raiz-forte, gengibre e curry em pó.

para 4 pessoas

1 cebola picada
2 colheres de sopa de molho cremoso de raiz-forte
1 colher de sopa de molho inglês
450ml/¾ litro de caldo de carne quente (não fervendo)
1 colher de sopa de farinha 00
1 colher de chá de curry médio em pó
½ colher de chá de gengibre em pó
1 colher de chá de açúcar mascavo escuro
700g de rosbife magro ou bife em cubos
sal e pimenta preta moída na hora
2 colheres de sopa de salsa fresca ou congelada picada
batatas novas e um vegetal verde para servir

Coloque a cebola na panela de cerâmica. Adicione a raiz-forte e o molho inglês ao caldo e regue com a cebola. Coloque a panela elétrica em baixa e deixe por 3 a 4 minutos enquanto prepara e mede os ingredientes restantes.

Misture a farinha, o curry em pó, o gengibre e o açúcar em uma tigela. Adicione a carne e mexa para cobrir uniformemente os cubos na mistura de especiarias. Adicione à panela elétrica e tempere com sal e pimenta. Cubra e cozinhe em fogo baixo por 6-7 horas ou até que a carne esteja bem macia.

Adicione a salsa e ajuste o tempero se necessário. Sirva com um vegetal verde, como batata nova e couve ralada no vapor.

Almôndegas Simples

As almôndegas estão úmidas como deveriam e também sobra muita sobra para sanduíches! Sirva com purê de batata de verdade.

Serviço 6

700 g de carne magra picada

100g de aveia

120ml/4 fl oz de leite semidesnatado

1 ovo

50 ml de tomate ou molho picante

1 cebola picada

½ pimentão verde picado

1 dente de alho amassado

1 colher de chá de tempero de ervas italianas secas

1 colher de chá de sal

½ colher de chá de pimenta

Faça alças de alumínio e coloque na panela elétrica. Misture até que todos os ingredientes estejam misturados. Forme um pão com a mistura e coloque-o na panela elétrica, tomando cuidado para que as bordas do pão não toquem na caçarola. Insira um termômetro de carne com a ponta no centro do pão. Cubra e cozinhe em fogo baixo até que o termômetro de carne registre 76ºC, cerca de 6 a 7 horas. Retire usando suportes de papel alumínio e deixe descansar, coberto com papel alumínio, por 10 minutos.

Almôndegas italianas

Almôndegas clássicas, mas com um toque italiano. Você pode usar molho picante em vez de ketchup.

Serviço 6

700 g de carne magra picada

100g de aveia

120ml/4 fl oz de leite semidesnatado

1 ovo

50ml de ketchup de tomate

1 cebola picada

½ pimentão verde picado

1 dente de alho amassado

1 colher de sopa de parmesão ralado na hora

50g de mussarela ralada

2 colheres de sopa de azeitonas pretas sem caroço e picadas

1 colher de chá de tempero de ervas italianas secas

1 colher de chá de sal

½ colher de chá de pimenta

2 colheres de sopa de molho de tomate pronto ou ketchup

parmesão ralado e mussarela dura ralada para enfeitar

Faça alças de alumínio e coloque na panela elétrica. Misture até que todos os ingredientes estejam misturados. Forme um pão com a mistura e coloque-o na panela elétrica, tomando cuidado para que as bordas do pão não toquem na caçarola. Insira um termômetro de carne com a ponta no centro do pão. Cubra e cozinhe em fogo baixo até que o termômetro de carne registre 76ºC, cerca de 6 a 7 horas. Cubra com molho de tomate ou ketchup e polvilhe com queijo. Cubra e cozinhe em fogo baixo até o queijo derreter, 5 a 10 minutos. Remova usando alças de alumínio.

Almôndegas de Queijo Salgado

Este bolo de carne tem um sabor muito queijoso, o que o torna rico e extremamente satisfatório. Você pode usar molho picante em vez de ketchup.

Serviço 6

450 g de carne moída magra
225 g de carne de porco magra picada
100g/4 onças de queijo macio
75g de queijo cheddar ralado
100g de aveia
120ml/4 fl oz de leite semidesnatado
1 ovo

50ml de ketchup de tomate

2 colheres de sopa de molho inglês

1 cebola picada

½ pimentão verde picado

1 dente de alho amassado,

1 colher de chá de tempero de ervas italianas secas

1 colher de chá de sal

½ colher de chá de pimenta

Faça alças de alumínio e coloque na panela elétrica. Misture todos os ingredientes, exceto 25g/1oz de queijo Cheddar, até incorporar. Forme um pão com a mistura e coloque-o na panela elétrica, tomando cuidado para que as bordas do pão não toquem na caçarola. Insira um termômetro de carne com a ponta no centro do pão. Cubra e cozinhe em fogo baixo até que o termômetro de carne registre 76ºC, cerca de 6 a 7 horas. Polvilhe com o queijo Cheddar reservado, tampe e cozinhe em fogo baixo até o queijo derreter, 5 a 10 minutos. Remova usando alças de alumínio.

Chutney de almôndegas e amendoim

Se você não tiver Branston Pickle, também pode usar chutney picado em igual medida.

Serviço 6

700 g de carne magra picada

100g de aveia

120ml/4 fl oz de leite semidesnatado

1 ovo

100g/4 onças de picles de Branston

1 cebola picada

½ pimentão verde picado

1 dente de alho amassado,

50g de amendoim picado

1 colher de chá de curry em pó

½ colher de chá de gengibre em pó

1 colher de chá de tempero de ervas italianas secas
1 colher de chá de sal
½ colher de chá de pimenta

Faça alças de alumínio e coloque na panela elétrica. Misture até que todos os ingredientes estejam misturados. Forme um pão com a mistura e coloque-o na panela elétrica, tomando cuidado para que as bordas do pão não toquem na caçarola. Insira um termômetro de carne com a ponta no centro do pão. Cubra e cozinhe em fogo baixo até que o termômetro de carne registre 76ºC, cerca de 6 a 7 horas. Retire usando suportes de papel alumínio e deixe descansar, coberto com papel alumínio, por 10 minutos.

Molho De Ovo De Limão

Este delicado molho de limão pode ser feito com caldo de legumes.

Adequado para 6 pessoas como acompanhamento

1 colher de sopa de manteiga ou margarina
2 colheres de sopa de farinha
120ml/4 onças de caldo de galinha
120ml/4 fl oz de leite semidesnatado
1 ovo levemente batido
3-4 colheres de sopa de suco de limão
1 colher de chá de raspas de limão ralada
sal e pimenta branca a gosto

Derreta a manteiga em uma panela média. Adicione a farinha e cozinhe por 1 minuto. Combine o caldo e o leite. Ferva, mexendo, até engrossar, cerca de 1 minuto. Misture cerca de metade da mistura de caldo nos ovos. Devolva a mistura para a panela. Bata em fogo médio por 1 minuto. Adicione o suco e as raspas de limão. Polvilhe com sal e pimenta.

Almôndegas de Limão com Molho de Ovo de Limão

As almôndegas ganham uma nova dimensão com um toque de limão e um suave molho de ovo e limão para acompanhar.

Serviço 6

700 g de carne magra picada

50 g de pão ralado fresco

1 ovo

1 cebola pequena picada

½ pimentão verde pequeno, picado

1 dente de alho amassado

1 colher de sopa de suco de limão

1 colher de sopa de raspas de limão ralada

1 colher de chá de mostarda Dijon

½ colher de chá de tomilho seco

½ colher de chá de pimenta

¾ colher de chá de sal

Molho de ovo e limão (veja à esquerda)

Faça alças de alumínio e coloque na panela elétrica. Misture todos os ingredientes, exceto o molho de ovo e limão, até misturar. Forme um pão com a mistura e coloque-o na panela elétrica, tomando cuidado para que as bordas do pão não toquem na caçarola. Insira um termômetro de carne com a ponta no centro do pão. Cubra e cozinhe em fogo baixo até que um termômetro de carne registre 76ºC, 6-7 horas. Retire usando suportes de papel alumínio e deixe descansar, coberto com papel alumínio, por 10 minutos. Sirva com molho de ovo com limão.

Pão De Presunto Amargo

Almôndegas também podem ser assadas em uma forma de pão de 9 x 5/23 x 13 cm ou em duas formas de pão menores, se couberem na panela elétrica. Coloque as panelas sobre uma gradinha ou em latas de atum vazias com as duas extremidades removidas.

Serviço 6

450 g de carne moída magra
225g de presunto defumado picado ou picado
50 g de pão ralado fresco
1 ovo
1 cebola pequena picada
½ pimentão verde pequeno, picado
1 dente de alho amassado
1 colher de chá de mostarda Dijon
2 picles picados
50 g de amêndoas picadas grosseiramente
50 g de mix de frutas secas
90 g de damascos em lata
1 colher de sopa de vinagre de maçã
2 colheres de chá de molho de soja
½ colher de chá de pimenta

¾ colher de chá de sal

Faça alças de alumínio e coloque na panela elétrica. Misture até que todos os ingredientes estejam misturados. Forme um pão com a mistura e coloque-o na panela elétrica, tomando cuidado para que as bordas do pão não toquem na caçarola. Insira um termômetro de carne com a ponta no centro do pão. Cubra e cozinhe em fogo baixo até que um termômetro de carne registre 76ºC, 6-7 horas. Retire usando suportes de papel alumínio e deixe descansar, coberto com papel alumínio, por 10 minutos.

Carne Fácil com Vinho e Legumes

Um prato de carne simples, mas satisfatório. Sirva com macarrão, se desejar.

para 4 pessoas

450g/1lb de bife de vaca, cortado em tiras de 1cm/½ ½
250ml/8 fl oz de caldo de carne
120ml/4 fl oz de vinho tinto seco
275g/10oz de feijão francês, cortado em pedaços curtos
2 batatas picadas
2 cebolas pequenas cortadas em rodelas
3 cenouras em fatias grossas
¾ colher de chá de tomilho seco
sal e pimenta preta moída na hora, a gosto

Combine todos os ingredientes, exceto sal e pimenta, na panela elétrica. Cubra e cozinhe em fogo baixo por 6 a 8 horas. Polvilhe com sal e pimenta.

folhas recheadas

Escolha carne moída magra de qualidade para misturar com pimentão, cebola e arroz para um delicioso recheio de folhas de repolho cozidas em molho de tomate.

para 4 pessoas

8 folhas grandes de couve
450 g de carne moída magra
½ cebola picada
¼ pimentão verde picado
15g/½ onça de arroz, cozido
50ml/2 fl oz de água
1 colher de chá de sal
¼ colher de chá de pimenta preta moída na hora
400 g de molho de tomate pronto
450g/1lb de tomate em cubos em lata

Coloque as folhas de couve em água fervente até ficarem macias, 1 a 2 minutos. Coe bem. Apare veias grossas das folhas para que fiquem planas. Misture a carne moída e outros ingredientes, exceto o molho de tomate e o tomate picado. Divida a mistura de carne em oito pedaços iguais, cada um formando um pão. Enrole cada um em uma folha de repolho, apertando as pontas e as laterais. Despeje metade do molho de tomate combinado e dos tomates em cubos na panela elétrica. Adicione os rolinhos de repolho, com a costura voltada para baixo. Despeje o restante da mistura de tomate por cima. Cubra e cozinhe em fogo baixo por 6 a 8 horas.

Almôndegas florentinas

Os sabores de ricota, espinafre e mediterrâneo tornam essas almôndegas incrivelmente deliciosas.

para 4 pessoas

65 g de folhas de espinafre
100g/4 onças de queijo cottage
1 ovo
2 cebolinhas picadas
2 dentes de alho
2 colheres de chá de tomilho seco
½ colher de chá de endro seco
½ colher de chá de coco ralado na hora
½ colher de chá de sal
½ colher de chá de pimenta
450 g de carne moída magra
25g/1oz de pão ralado fresco
1 litro/1¾ litro de molho de ervas
225g de macarrão, cozido, quente

Processe espinafre, ricota, ovo, cebolinha, alho, temperos, sal e pimenta em um processador de alimentos ou liquidificador até ficar homogêneo. Misture com carne picada e pão ralado. Forme 8 a 12 almôndegas com a mistura. Combine as almôndegas e o molho de macarrão na panela elétrica, cobrindo as almôndegas com o molho. Cubra e cozinhe em fogo baixo por 5-6 horas. Sirva com macarrão.

Rigatoni com Almôndegas de Berinjela

A berinjela é um ingrediente surpresa nessas magníficas almôndegas.

Serviço 6

Almôndegas de berinjela (veja abaixo)
700g de molho para macarrão de uma jarra
350 g/12 onças de rigatoni ou outros formatos de massa, cozido, quente
2-3 colheres de sopa de azeite
2 colheres de sopa de alcaparras escorridas
15 g/½ onça de salsinha fresca picada

Combine as almôndegas de berinjela e o molho de macarrão na panela elétrica, cobrindo as almôndegas com o molho. Cubra e cozinhe em fogo baixo por 6 a 8 horas. Tempere o rigatoni com azeite, alcaparras e salsa. Sirva com almôndegas e molho.

almôndegas de berinjela

Berinjela em cubos acrescenta uma riqueza diferente a essas almôndegas.

Para 18 almôndegas

1 berinjela pequena (cerca de 350 g/12 onças), picada
700 g de carne magra picada
50g de parmesão ralado na hora ou alface romana
25g/1oz de pão ralado seco
2 ovos
1½ colher de chá de tempero de ervas italianas secas
1 colher de chá de sal
½ colher de chá de pimenta

Cozinhe as berinjelas em uma frigideira média em 5 centímetros de água fervente até ficarem macias, cerca de 10 minutos. Coe, deixe esfriar e amasse. Combine berinjelas com outros ingredientes de almôndegas. Forme 18 almôndegas.

Boboti sul-africano

Uma receita tradicional da África do Sul.

para 4 pessoas

2 fatias de pão amanhecido, sem crosta
2 colheres de sopa de óleo
1 cebola fatiada
2 dentes de alho esmagados
10 ml/2 colheres de chá de curry em pó
2,5 ml/½ colher de chá de cravo moído
5 ml/1 colher de chá de açafrão em pó
2 ovos
450g/1lb de carne picada
2 colheres de sopa de água quente
2 colheres de sopa de suco de limão
2 colheres de sopa de açúcar
sal e pimenta preta moída na hora
Para o recheio:
1 ovo
150ml/¼ pt de leite
um punhado de amêndoas
arroz e um vegetal verde, para servir

Mergulhe o pão em água morna por 10 minutos, depois esprema o excesso de água e esfarele. Aqueça o azeite em uma panela e frite a cebola até ficar macia. Adicione o alho, o curry, o cravo e a cúrcuma e frite por mais 5 minutos, mexendo sempre. Bata os ovos em uma tigela e acrescente a carne picada. Adicione a mistura de cebola e especiarias, o pão, a água quente, o suco de limão e o açúcar. Tempere com sal e pimenta e misture bem. Transfira a mistura para uma forma de pão de 450g untada e cubra com papel alumínio. Coloque na panela elétrica e adicione água fervente até a metade das laterais da panela. Cubra e cozinhe em fogo baixo por 8 a 10 horas até ficar cozido.

Misture os ovos, o leite e as amêndoas e regue. Cubra e cozinhe em fogo alto por mais 30 minutos até firmar. Sirva fatiado com arroz e um vegetal verde.

carne da aldeia

Vegetais de raiz, ervas, alho e ervilhas dão a este guisado muito sabor e textura. É delicioso servido com macarrão ou arroz.

para 4 pessoas

900 g de bife magro assado em cubos
250ml/8 fl oz de caldo de carne
150g de pastinaga picada
2 cebolas picadas
1 talo de aipo grande picado
120ml/4 fl oz de vinho tinto seco ou caldo
350g/12oz de batatas, descascadas e cortadas em cubos
2 cenouras grandes, cortadas em fatias grossas
3 dentes de alho esmagados
2 colheres de sopa de purê de tomate
½ colher de chá de tomilho seco
½ colher de chá de alecrim seco
1 folha de louro grande
50g de ervilhas congeladas, descongeladas
2 colheres de sopa de amido de milho
50 ml de água fria
sal e pimenta preta moída na hora, a gosto

Combine todos os ingredientes, exceto ervilhas, amido de milho, água, sal e pimenta em uma panela elétrica de 5,5 litros. Cubra e cozinhe na potência máxima por 4-5 horas. Adicione as ervilhas, aumente o fogo e cozinhe por 10 minutos. Adicione o fubá e a água combinados, mexendo por 2 a 3 minutos. Descarte a folha de louro. Polvilhe com sal e pimenta.

carne saudável

O feijão vermelho faz desta uma das caçarolas mais deliciosas que você pode fazer.

Serviço 6

450 g de bife magro em cubos (2 cm)
175ml/6 fl oz de caldo de carne
400g/14 onças de tomate picado em lata
400g/14 onças de feijão vermelho, escorrido e enxaguado
1 cebola picada
3 batatas pequenas e macias, sem casca e picadas
3 cenouras fatiadas
1 colher de sopa de amido de milho
2 colheres de sopa de água fria
2-3 colheres de chá de molho inglês
sal e pimenta preta moída na hora, a gosto

Na panela elétrica, misture todos os ingredientes, exceto amido de milho, água, molho inglês, sal e pimenta. Cubra e cozinhe em fogo baixo por 6 a 8 horas. Ligue o fogo e cozinhe por 10 minutos. Adicione o fubá e a água combinados, mexendo por 2 a 3 minutos. Tempere com molho inglês, sal e pimenta.

Caçarola de Carne Simples

Sirva esta caçarola de carne temperada italiana com macarrão, arroz ou polenta no micro-ondas.

Serviço 6

900g de rosbife magro, em cubos (2,5cm/1 polegada)
400g/14 onças de tomate picado em lata
120ml/4 fl oz de caldo de carne
120ml/4 fl oz de vinho tinto seco ou caldo
2 cebolas picadas
2 dentes de alho esmagados
2 colheres de chá de tempero de ervas italianas secas
sal e pimenta preta moída na hora, a gosto

Combine todos os ingredientes, exceto sal e pimenta, na panela elétrica. Cubra e cozinhe em fogo baixo por 6 a 8 horas. Polvilhe com sal e pimenta.

Carne de ervas favorita da família

Muitos vegetais cozidos até ficarem macios acrescentam um sabor excelente a esta caçarola saudável.

para 8 pessoas

900g de rosbife magro, em cubos (2,5cm/1 polegada)
400g/14 onças de tomate picado em lata
250ml/8 fl oz de caldo de carne
350g/12oz de batatas, descascadas e cortadas em cubos
275g/10oz de nabo ou nabo verde picado
3 cebolas picadas
1 cenoura grande, cortada em fatias grossas
2 talos grandes de aipo, fatiados
4 dentes de alho esmagados
½–¾ colher de chá de manjerona seca
½–¾ colher de chá de tomilho seco
1 folha de louro
2 colheres de sopa de amido de milho
50 ml de água fria
2-3 colheres de chá de molho inglês
sal e pimenta preta moída na hora, a gosto

Combine todos os ingredientes, exceto amido de milho, água, molho inglês, sal e pimenta em uma panela elétrica de 5,5 litros. Cubra e cozinhe em fogo baixo por 6 a 8 horas. Ligue o fogo e cozinhe por 10 minutos. Adicione o fubá e a água combinados, mexendo por 2 a 3 minutos. Descarte a folha de louro. Tempere com molho inglês, sal e pimenta.

Carne De Porco Salgada e Chouriço Mexicano

Este prato de porco com chili também faz deliciosos tacos.

6-8 pessoas

chouriço mexicano
Lombo de porco desossado 225 g/8 onças, em cubos (2,5 cm/1 polegada)
2 tomates grandes picados
1 cebola roxa pequena, fatiada
1 dente de alho amassado
¼ colher de chá de tomilho seco
¼ colher de chá de tomilho seco
1 folha de louro
1-3 jalapeño em conserva ou outras pimentas, picadas finamente
1 colher de sopa de suco de pimenta em conserva
sal e pimenta preta moída na hora, a gosto
225–350 g de arroz cozido e quente

Cozinhe o chouriço mexicano em uma frigideira média levemente untada com óleo em fogo médio até dourar e desfie com um garfo. Na panela elétrica, misture o chouriço mexicano e o sal, a pimenta e outros ingredientes, exceto o arroz. Cubra e cozinhe na potência máxima por 4-5 horas. Descarte a folha de louro. Polvilhe com sal e pimenta. Sirva com arroz.

Tacos de porco e chouriço

Você pode embrulhar a mistura em tortilhas de farinha macia aquecidas em vez de cascas de taco.

6-8 pessoas

chouriço mexicano

Lombo de porco desossado 225 g/8 onças, em cubos (2,5 cm/1 polegada)

2 tomates grandes picados

1 cebola roxa pequena, fatiada

1 dente de alho amassado

¼ colher de chá de tomilho seco

¼ colher de chá de tomilho seco

1 folha de louro

1-3 jalapeño em conserva ou outras pimentas, picadas finamente

1 colher de sopa de suco de pimenta em conserva

sal e pimenta preta moída na hora, a gosto

1 colher de sopa de amido de milho

2 colheres de sopa de água

15g/½ onça de coentro fresco picado

6-8 cascas de taco

nata

alface americana picada

Cozinhe o chouriço mexicano em uma frigideira média levemente untada com óleo em fogo médio até dourar e desfie com um garfo. Na panela elétrica, misture o chouriço mexicano e o sal, a pimenta, o amido de milho, a água, o coentro, os tacos, o creme de leite e outros ingredientes, exceto a alface. Cubra e cozinhe na potência máxima por 4-5 horas. Quando estiver cozido, descarte a folha de louro e tempere com sal e pimenta. Ligue o fogo e cozinhe por 10 minutos. Adicione o fubá e a água combinados, mexendo por 2 a 3 minutos. Junte o coentro. Sirva em cascas de taco quentes e crocantes, guarnecidas com creme de leite e alface picada.

Carne De Porco Com Batata E Repolho

Sirva este suculento prato de porco com macarrão ou arroz.

para 4 pessoas

Lombo de porco magro desossado 450 g/1 lb
400g/14 onças de tomate enlatado
225 g de molho de tomate pronto
225g de repolho em fatias finas
350g de batatas descascadas e picadas
1 cebola grande, finamente picada
2 dentes de alho esmagados
1 colher de sopa de açúcar mascavo
2 colheres de chá de vinagre balsâmico
2 colheres de chá de tomilho seco
1 folha de louro
sal e pimenta preta moída na hora, a gosto

Combine todos os ingredientes, exceto sal e pimenta, na panela elétrica. Cubra e cozinhe em fogo baixo por 6 a 8 horas. Descarte a folha de louro. Polvilhe com sal e pimenta.

Carne de porco e chucrute

Esta caçarola de inspiração alemã é melhor servida em tigelas rasas com rolinhos de centeio crocantes para acompanhar.

para 4 pessoas

450 g de lombo de porco magro desossado, em cubos (2 cm)
400g/14 onças de tomate picado em lata
450g de chucrute escorrido
350g de batatas cerosas, cortadas em fatias finas
1 cebola grande, finamente picada
1 colher de chá de sementes de cominho
120ml/4 fl oz de creme de leite
1 colher de sopa de amido de milho
sal e pimenta preta moída na hora, a gosto

Combine todos os ingredientes, exceto creme de leite, amido de milho, sal e pimenta na panela elétrica. Cubra e cozinhe em fogo baixo por 6 a 8 horas. Adicione o creme de leite e o amido de milho combinados, mexendo por 2 a 3 minutos. Polvilhe com sal e pimenta.

Carne de porco finlandesa com beterraba e macarrão

Este prato escandinavo é colorido e delicioso.

para 4 pessoas

450 g de lombo de porco magro desossado, em cubos (5 cm)
250ml/8 fl oz de caldo de carne
3 colheres de sopa de vinagre de maçã
2 cebolas picadas
1½ colher de chá de creme de raiz-forte
½ colher de chá de tomilho seco
450 g de beterraba cozida e picada
2 colheres de chá de amido de milho
50 ml de água fria
sal e pimenta preta moída na hora, a gosto
225g de macarrão com ovo, cozido e quente

Na panela elétrica, misture todos os ingredientes, exceto beterraba, amido de milho, água, sal, pimenta e macarrão. Cubra e cozinhe em fogo baixo por 6 a 8 horas. Adicione os cubos de beterraba, aumente o fogo e cozinhe por 10 minutos. Adicione o fubá e a água combinados, mexendo por 2 a 3 minutos. Polvilhe com sal e pimenta. Sirva com macarrão.

carne de porco alemã

Sirva este prato com macarrão ou com fatias grossas de pão de centeio quente.

para 4 pessoas

Lombo de porco desossado 450 g/1 lb, em cubos (2,5 cm/1 polegada)
250ml/8 fl oz de cidra
2 cebolas picadas
150g/5oz de sueco, cortado em cubos
275g de chucrute escorrido
350g de batatas descascadas e cortadas em fatias finas
2 folhas de louro
1½ colheres de sopa de açúcar mascavo
2 maçãs médias, descascadas e fatiadas
50g de ervilhas congeladas, descongeladas
sal e pimenta preta moída na hora, a gosto

Combine todos os ingredientes, exceto maçãs, ervilhas, sal e pimenta na panela elétrica. Cubra e cozinhe por 6-8 horas, adicionando maçãs e ervilhas nos últimos 30 minutos. Descarte as folhas de louro. Polvilhe com sal e pimenta.

Presunto com feijão verde e grão de bico

Sirva este prato de presunto, leguminosa e quiabo com pão de milho com pimenta assada.

Serviço 6

12–450g/1lb de presunto cozido, cortado em cubos
400g/14 onças de tomate enlatado
400g de grão de bico enlatado, escorrido e enxaguado
400g de feijão fradinho, escorrido e enxaguado
1 cebola picada
2 dentes de alho esmagados
1 colher de chá de manjerona seca
1 colher de chá de tomilho seco
¼ colher de chá de molho Tabasco
275 g/10 onças de espinafre congelado, descongelado e escorrido
225g/8oz de quiabo, descascado e cortado em pedaços
sal e pimenta preta moída na hora, a gosto

Na panela elétrica, misture todos os ingredientes, exceto espinafre, quiabo, sal e pimenta. Tampe e cozinhe na potência máxima por 4 a 5 horas, acrescentando espinafre e quiabo nos últimos 30 minutos. Polvilhe com sal e pimenta.

Presunto e Pimentão com Polenta

O método de cozimento da polenta no microondas elimina a agitação constante necessária ao fazer polenta no fogão. Você também pode fazer isso em uma panela elétrica.

para 4 pessoas

225 g de bife de presunto em cubos
400g/14 onças de tomate picado em lata
½ pimentão verde picado
½ pimenta vermelha picada
½ pimentão amarelo picado
1 cebola picada
1 dente de alho amassado
1 folha de louro
1-1½ colher de chá de tempero de ervas italianas secas
sal e pimenta preta moída na hora, a gosto
polenta de microondas
2 colheres de sopa de parmesão ralado na hora

Combine todos os ingredientes, exceto sal, pimenta, polenta de micro-ondas e queijo parmesão na panela elétrica. Cubra e cozinhe na potência máxima por 4-5 horas. Descarte a folha de louro. Polvilhe com sal e pimenta. Sirva sobre polenta micro-ondas e polvilhe com parmesão.

Linguiça Defumada com Feijão

Sirva esta farta caçarola de inverno com pão de leitelho quente sobre macarrão ou arroz.

para 8 pessoas

450g de linguiça defumada fatiada (2cm)
2 latas de 400g de feijão vermelho, escorrido e enxaguado
400g de feijão canelini, escorrido e enxaguado
2 caixas de 400g de tomate picado
120ml/4 fl oz de água
3 cebolas picadas
½ pimentão verde picado
2 dentes de alho esmagados
½ colher de chá de tomilho seco
½ colher de chá de sálvia
1 folha de louro
sal e pimenta preta moída na hora, a gosto

Combine todos os ingredientes, exceto sal e pimenta, em uma panela elétrica de 5,5 litros/9½ litros. Cubra e cozinhe na potência máxima por 4-5 horas. Descarte a folha de louro. Polvilhe com sal e pimenta.

Abobrinha com linguiça defumada

A linguiça defumada adiciona um sabor excelente a esta caçarola robusta e cheia de vegetais.

para 4 pessoas

225g de linguiça defumada fatiada (2cm)
400g/14 onças de tomate enlatado
120ml/4 fl oz de caldo de carne
700g de abóbora ou outra abóbora, descascada, sem sementes e cortada em cubos (2cm)
1 cebola cortada em fatias finas
100g de ervilhas congeladas, descongeladas
sal e pimenta preta moída na hora, a gosto
175g de arroz integral, cozido, quente (opcional)

Combine todos os ingredientes, exceto ervilhas, sal, pimenta e arroz na panela elétrica. Tampe e cozinhe em fogo alto por 4 a 6 horas, acrescentando as ervilhas nos últimos 20 minutos. Polvilhe com sal e pimenta. Sirva com arroz integral, se desejar.

Risoto de Salsicha e Legumes

Você pode usar linguiça sem carne para fazer este risoto vegetariano.

para 4 pessoas

750ml/1¼ litro de caldo de legumes
1 cebola pequena picada
3 dentes de alho esmagados
75g/3oz de cogumelos marrons ou botões, fatiados
1 colher de chá de alecrim seco
1 colher de chá de tomilho seco
350g de arroz arbóreo
175 g de abóbora em cubos
100g/4oz de linguiça italiana cozida
25 g de parmesão ralado na hora
sal e pimenta preta moída na hora, a gosto

Aqueça o caldo em uma panela pequena até ferver. Despeje na panela elétrica. Adicione outros ingredientes, exceto parmesão, sal e pimenta. Tampe e cozinhe em fogo alto até que o arroz fique al dente e o líquido quase absorvido, cerca de 1 hora (observe com atenção para não cozinhar demais o arroz). Adicione o queijo. Polvilhe com sal e pimenta.

Lasanha de Salsicha

Ao retirar a lasanha da panela elétrica, você poderá notar que o centro está ligeiramente afundado. Ele ficará mais homogêneo à medida que esfria.

Serviço 6

700 g de molho pronto de tomate e manjericão
8 folhas de lasanha crua
550g de Ricota
275 g de mussarela ralada
25g de cogumelos fatiados salteados
25g de linguiça italiana cozida e esfarelada
1 ovo
1 colher de chá de manjericão seco
25 g de parmesão ralado na hora

Espalhe 75g de molho no fundo de uma forma de pão de 23 x 13cm/9 x 5cm. Cubra com 1 folha de lasanha e 75g de ricota e 40g de mussarela. Em seguida, adicione metade dos cogumelos e metade da salsicha. Repita as camadas, terminando com 75g de molho por cima. Polvilhe com parmesão. Coloque a assadeira na grelha da panela elétrica de 5,5 litros/9½ litros. Cubra e cozinhe em fogo baixo por 4 horas. Retire a forma e deixe esfriar sobre uma gradinha por 10 minutos.

Ensopado de cordeiro irlandês

Esta caçarola simples e temperada é um prato bem-vindo nas noites frias de inverno.

Serviço 6

700 g de ensopado de cordeiro magro, cortado em cubos
450ml/¾ litro de caldo de galinha
2 cebolas fatiadas
6 batatas, esquartejadas
6 cenouras em fatias grossas
½ colher de chá de tomilho seco
1 folha de louro
50g de ervilhas congeladas, descongeladas
2 colheres de sopa de amido de milho
50 ml de água fria
1-1½ colher de chá de molho inglês
sal e pimenta preta moída na hora, a gosto

Na panela elétrica, misture todos os ingredientes, exceto ervilhas, amido de milho, água, molho inglês, sal e pimenta. Cubra e cozinhe em fogo baixo por 6 a 8 horas. Adicione as ervilhas, aumente o fogo e cozinhe por 10 minutos. Adicione o fubá e a água combinados, mexendo por 2 a 3 minutos. Descarte a folha de louro. Tempere com molho inglês, sal e pimenta.

Cordeiro com Alecrim e Batata Doce

A combinação de alecrim e cordeiro é clássica, diferente e deliciosa.

para 4 pessoas

450 g de perna de cordeiro desossada, limpa e cortada em cubos (2 cm)

375 ml de caldo

450g de batata doce descascada e cortada em cubos (2cm)

200g de feijão francês, cortado em pedaços curtos

1 cebola grande, cortada em fatias finas

1 colher de chá de alecrim seco

2 folhas de louro

1-2 colheres de sopa de amido de milho

50 ml de água fria

sal e pimenta preta moída na hora, a gosto

Combine todos os ingredientes, exceto amido de milho, água, sal e pimenta na panela elétrica. Cubra e cozinhe em fogo baixo por 6 a 8 horas. Ligue o fogo e cozinhe por 10 minutos. Adicione o fubá e a água combinados, mexendo por 2 a 3 minutos. Descarte as folhas de louro. Polvilhe com sal e pimenta.

Cordeiro com feijão branco e linguiça

Os feijões cozidos cozinham perfeitamente na panela elétrica – não há necessidade de deixá-los de molho ou pré-cozinhá-los!

Serviço 6

450g/1lb de perna de cordeiro desossada, em cubos (2,5cm/1 pol.)

225g de feijão verde seco, canelone ou feijão manteiga

450ml/¾ litro de caldo de galinha

120ml/4 fl oz de vinho branco seco ou caldo de galinha extra

225g/8oz de linguiça defumada, fatiada (2,5cm/1pol.)

2 cebolas picadas

3 cenouras em fatias grossas

1 dente de alho amassado

¾ colher de chá de alecrim seco

¾ colher de chá de tomilho seco

1 folha de louro

400g/14 onças de tomate picado em lata

sal e pimenta preta moída na hora

Combine todos os ingredientes, exceto o tomate, o sal e a pimenta, em uma panela elétrica de 5,5 litros/9½ litros. Tampe e cozinhe em fogo baixo por 7 a 8 horas até o feijão ficar macio, acrescentando os tomates nos últimos 30 minutos. Descarte a folha de louro. Polvilhe com sal e pimenta.

Pernil de cordeiro com lentilhas

Aproveite esta combinação rica e deliciosa.

Serviço 6

900 g de pernil de cordeiro sem gordura
375 ml de caldo de galinha
400g/14 onças de tomate picado em lata
75 g de lentilhas marrons secas
1 cenoura fatiada
½ pimentão verde picado
4 cebolas picadas
2 dentes de alho esmagados
2 folhas de louro
2 colheres de chá de tomilho seco
¼ colher de chá de canela em pó
¼ colher de chá de cravo moído
sal e pimenta preta moída na hora
65g de arroz integral, cozido, quente

Combine todos os ingredientes, exceto sal, pimenta e arroz, em uma panela elétrica de 5,5 litros/9½ litros. Cubra e cozinhe em fogo baixo por 6 a 8 horas. Descarte as folhas de louro. Remova as perninhas de cordeiro. Retire a carne magra e corte em pedaços pequenos. Retorne a carne à panela elétrica e tempere com sal e pimenta. Sirva com arroz.

cordeiro com pimenta

Este prato também pode ser feito com 1 ou 2 pimentões verdes frescos, se desejar. Também é excelente com rosbife e molho.

para 4 pessoas

450g de paleta de cordeiro desossada, aparada e cortada em cubos (2cm)
2 caixas de 400g de tomate picado
120ml/4 onças de caldo de galinha
100g/4 onças de pimenta verde suave, picada em lata ou a gosto
175 g de batatas cortadas em cubos
175g de abobrinha amarela ou verde ou abobrinha frita em cubos
2 cebolas fatiadas
50g de milho doce, descongelado se congelado
1 jalapeño pequeno ou outra pimenta meio picante picada
4 dentes de alho esmagados
1½ colher de chá de tempero de ervas italianas secas
2 colheres de sopa de amido de milho
50 ml de água fria
sal e pimenta preta moída na hora

Combine todos os ingredientes, exceto amido de milho, água, sal e pimenta na panela elétrica. Cubra e cozinhe em fogo baixo por 6 a 8 horas. Ligue o fogo e cozinhe por 10 minutos. Adicione o fubá e a água combinados, mexendo por 2 a 3 minutos. Polvilhe com sal e pimenta.

cordeiro marroquino

Passas, amêndoas e ovos cozidos dão um enfeite colorido a este prato.

para 8 pessoas

900 g de perna de cordeiro magra desossada, cortada em cubos (2 cm)
250ml/8 fl oz de caldo de galinha
3 cebolas picadas
275 g de tomate picado
2 dentes grandes de alho esmagados
2 cm/¾ de raiz de gengibre fresco picado, ralado finamente
½ colher de chá de canela em pó
¼ colher de chá de açafrão moído
1 folha de louro
50g de passas
sal e pimenta preta moída na hora
25g de amêndoas inteiras escaldadas, torradas
2 ovos cozidos picados
coentro fresco picado para decorar
275 g de cuscuz ou arroz, cozido, quente

Combine todos os ingredientes, exceto passas, sal, pimenta, amêndoas, ovos, coentro fresco e cuscuz em uma panela elétrica de 5,5 litros. Tampe e cozinhe em fogo baixo por 6-8 horas, acrescentando as passas nos últimos 30 minutos. Descarte a folha de louro e tempere com sal e pimenta. Coloque a caçarola num prato de servir e polvilhe com amêndoas, ovos cozidos e coentros frescos. Sirva com cuscuz ou arroz.

Cordeiro e Nabo com Coentro

Aromatizado com vinho tinto, sálvia fresca e coentros, servido com arroz branco ou integral.

para 4 pessoas

1 lb/450 g de perna de cordeiro desossada, aparada e cortada em cubos (2,5 cm/1 polegada)
250ml/8 fl oz de suco de tomate
120ml/4 fl oz de vinho tinto seco
350 g de batatas picadas
275g de nabo verde picado
1 cebola picada
3 dentes grandes de alho esmagados
1 colher de sopa de sálvia fresca ou 1 colher de chá de sálvia seca
sal e pimenta preta moída na hora
25g de coentro fresco picado

Combine todos os ingredientes, exceto sal, pimenta e coentro fresco na panela elétrica. Cubra e cozinhe em fogo baixo por 6 a 8 horas. Polvilhe com sal e pimenta. Adicione coentro fresco.

Tagine de cordeiro e legumes

Aprecie os sabores perfumados da culinária marroquina. Sirva com pão pita quente.

Serviço 6

450 g de cordeiro ou carne magra em cubos

2 caixas de 400g de tomate picado

400g de grão de bico enlatado, escorrido e enxaguado

200g de feijão verde cortado ao meio

175 g de abóbora picada

150g/5oz de nabo verde picado

1 cebola picada

1 talo de aipo fatiado

1 cenoura fatiada

1 cm/½ pedaço de raiz de gengibre fresco, ralado finamente

1 dente de alho amassado

1 pau de canela

2 colheres de chá de pimenta vermelha

2 colheres de chá de cominho em pó

2 colheres de chá de coentro moído

175g/6oz de ameixas secas, sem caroço

40g de azeitonas pretas pequenas sem caroço

sal e pimenta preta moída na hora

250 g de cuscuz cozido e quente

Combine todos os ingredientes, exceto ameixas, azeitonas, sal, pimenta e cuscuz em uma panela elétrica de 5,5 litros. Cubra e cozinhe em fogo baixo por 6-8 horas, acrescentando ameixas e azeitonas nos últimos 30 minutos. Polvilhe com sal e pimenta. Sirva com cuscuz.

cordeiro marraquexe

Se desejar, você pode substituir três latas de 400g de feijão branco ou canelini em vez de feijão seco.

para 8 pessoas

900g / 2lbs de perna de cordeiro magra desossada, em cubos (2,5 cm / 1 pol.)

750ml/1¼ litro de caldo de galinha

100g/4 onças de feijão branco ou canelini seco

100 g/4 onças de cogumelos portabella ou brown cap, picados grosseiramente

1 cenoura fatiada

1 cebola fatiada

3 dentes grandes de alho esmagados

1 colher de chá de cominho em pó

1 colher de chá de tomilho seco

2 folhas de louro

1 pimentão vermelho grande assado, fatiado, de lata

225 g de folhas de espinafre baby

120ml/4 fl oz de vinho branco seco

2 colheres de sopa de amido de milho

sal e pimenta preta moída na hora, a gosto

275 g de cuscuz ou arroz, cozido, quente

Combine todos os ingredientes, exceto pimentão assado, espinafre, vinho, amido de milho, sal, pimenta e cuscuz em uma panela elétrica de 5,5 litros. Cubra e cozinhe em fogo baixo por 7 a 8 horas até que o feijão esteja macio. Adicione os pimentões assados e o espinafre, aumente o fogo e cozinhe por 10 minutos. Adicione o vinho e o amido de milho combinados e mexa até engrossar, 2 a 3 minutos. Descarte as folhas de louro. Polvilhe com sal e pimenta. Sirva com cuscuz ou arroz.

cordeiro biriani

Este tradicional prato indiano de carne e arroz também pode ser feito com frango ou carne bovina.

para 4 pessoas

450 g de perna de cordeiro magra desossada, em cubos (2 cm)
250ml/8 fl oz de caldo de galinha
4 cebolas picadas
1 dente de alho amassado
1 colher de chá de coentro moído
1 colher de chá de gengibre em pó
½ colher de chá de pimenta moída
¼ colher de chá de canela em pó
¼ colher de chá de cravo moído
175ml/6 fl oz de iogurte natural
1 colher de sopa de amido de milho
sal e pimenta preta moída na hora, a gosto
175g de arroz basmati ou jasmim, cozido, quente

Combine todos os ingredientes, exceto iogurte, amido de milho, sal, pimenta e arroz na panela elétrica. Cubra e cozinhe em fogo baixo por 6 a 8 horas. Adicione o iogurte combinado e o amido de milho, mexendo por 2-3 minutos. Polvilhe com sal e pimenta. Sirva com arroz.

goulash de duas carnes

A combinação de sementes de cominho e erva-doce realça o sabor tradicional da pimenta vermelha neste goulash único.

para 8 pessoas

450 g de lombo de vaca magro ou frito, em cubos (2 cm)
450g de lombo de porco magro, cortado em cubos (2cm)
120ml/4 fl oz de caldo de carne
400g/14 onças de tomate picado em lata
2 colheres de sopa de purê de tomate
100g/4 onças de cogumelos pequenos, divididos pela metade
3 cebolas picadas
2 dentes de alho esmagados
2 colheres de sopa de pimenta vermelha
½ colher de chá de sementes de cominho moídas
½ colher de chá de sementes de erva-doce moídas
2 folhas de louro
120ml/4 fl oz de creme de leite
2 colheres de sopa de amido de milho
sal e pimenta preta moída na hora, a gosto
450 g de macarrão, cozido, quente

Na panela elétrica, misture todos os ingredientes, exceto creme de leite, amido de milho, sal, pimenta e macarrão. Cubra e cozinhe em fogo baixo por 6 a 8 horas. Adicione o creme de leite e o amido de milho combinados, mexendo por 2 a 3 minutos. Descarte as folhas de louro. Polvilhe com sal e pimenta. Sirva com macarrão.

Carne De Porco E Frango Com Cogumelo Duplo

Apenas alguns cogumelos shiitake adicionam um sabor distinto e saboroso que realça esta caçarola de porco, frango e cogumelos.

Serviço 6

120ml/4 onças de água fervente
3 cogumelos shiitake secos
350 g de lombo de porco desossado, em cubos (2 cm)
350g/12oz de filé de peito de frango em cubos (2cm)
120ml/4 fl oz de vinho branco seco
120ml/4 onças de caldo de galinha
100 g/4 onças de cogumelos pequenos marrons ou brancos, divididos pela metade
2 cebolas picadas
1/2 colher de chá de sementes de erva-doce, levemente esmagadas
sal e pimenta preta moída na hora, a gosto
225g de arroz integral ou branco, cozido, quente

Despeje água fervente sobre os cogumelos secos em uma tigela pequena. Deixe descansar até os cogumelos amolecerem, 5 a 10 minutos. Escorra, reserve o líquido. Filtre o líquido. Corte os cogumelos em tiras finas e descarte o caroço duro.

Na panela elétrica, misture os cogumelos secos e o líquido reservado e os ingredientes restantes, exceto sal, pimenta e arroz. Cubra e cozinhe em fogo baixo por 6 a 8 horas. Polvilhe com sal e pimenta. Sirva com arroz.

Ensopado da Carélia

A pimenta da Jamaica dá um sabor sutil à carne bovina, suína e de cordeiro neste prato finlandês. Sirva com arroz cozido ou macarrão, se desejar.

para 12 pessoas

450g/1lb de lombo ou bife grelhado, em cubos (2,5cm/1 pol.)
450g/1lb de cordeiro magro, em cubos (2,5cm/1pol.)
450g/1lb de lombo de porco em cubos (2,5cm/1 pol.)
450ml/¾ litro de caldo de carne
4 cebolas em fatias finas
½ colher de chá de pimenta da Jamaica moída
2 folhas de louro
sal e pimenta preta moída na hora, a gosto
15 g de salsa picada

Combine todos os ingredientes, exceto sal, pimenta e salsa, em uma panela elétrica de 5,5 litros. Cubra e cozinhe em fogo baixo por 6 a 8 horas. Descarte as folhas de louro. Tempere a gosto com sal e pimenta e acrescente a salsa.

Cordeiro e carne em conhaque

Os sabores de duas carnes, vinho e conhaque, são misturados de forma única neste prato elegante.

Serviço 6

450 g de filé mignon ou rosbife em cubos (2 cm)
450 g de perna de cordeiro em cubos (2 cm)
120ml/4 fl oz de caldo de carne
120ml/4 fl oz de vinho branco seco ou caldo
3 colheres de conhaque
450 g de cenouras baby
½ colher de chá de canela em pó
¼ colher de chá de macis moído
225g/8oz de cebolinha ou cebolinha
350g/12 onças pequenas florzinhas de brócolis
sal e pimenta preta moída na hora, a gosto

Na panela elétrica, misture todos os ingredientes, exceto cebolinha ou cebolinha, brócolis, sal e pimenta. Feche a tampa e cozinhe por 6 a 8 horas, acrescentando cebolinhas nas últimas 2 horas e brócolis nos últimos 30 minutos. Polvilhe com sal e pimenta.

Goulash de carne, porco e frango

Os sucos de três tipos de carne, aromatizados com cominho e endro e misturados com molho cremoso de tomate, criam um sabor extraordinário.

para 8 pessoas

350 g/12 onças de lombo ou grelhado, em cubos (2 cm/pol.)
350 g de lombo de porco em cubos (2 cm)
350g/12oz de filé de peito de frango em cubos (2cm)
250ml/8 fl oz de caldo de carne
50 ml de purê de tomate
3 tomates grandes, picados grosseiramente
225 g de cogumelos fatiados
4 cebolinhas em fatias finas
1 cebola picada
1 colher de sopa de pimenta vermelha
¾ colher de chá de sementes de cominho esmagadas
½ colher de chá de endro seco
175ml/6 fl oz de creme de leite
3 colheres de sopa de farinha de milho
sal e pimenta preta moída na hora, a gosto
450 g de macarrão, cozido, quente

Combine todos os ingredientes, exceto creme de leite, amido de milho, sal, pimenta e macarrão em uma panela elétrica de 5,5 litros. Cubra e cozinhe em fogo baixo por 6 a 8 horas. Adicione o creme de leite e o amido de milho combinados, mexendo até engrossar, 2 a 3 minutos. Polvilhe com sal e pimenta. Sirva com macarrão.

risoto de frango

Você precisa usar queijo Asiago temperado para ralar. É muito semelhante ao queijo parmesão e ao queijo romano, você pode usar qualquer um deles se for mais conveniente.

para 4 pessoas

750ml/1¼ litro de caldo de legumes
1 cebola pequena picada
3 dentes de alho esmagados
1 tomate picado
350g de arroz arbóreo
1 colher de chá de manjerona seca
200g/7oz de peito de frango cozido picado
225 g/8 onças de petits pois congelados, descongelados
50g de queijo Asiago ralado na hora
sal e pimenta preta moída na hora, a gosto

Aqueça o caldo em uma panela pequena até ferver. Despeje na panela elétrica. Adicione os ingredientes restantes, exceto frango, ervilhas, queijo Asiago, sal e pimenta. Tampe e cozinhe em fogo alto até que o arroz fique al dente e o líquido quase absorvido, cerca de 1¼ hora, acrescentando o frango e as ervilhas nos últimos 15 minutos (observe atentamente para ver se o arroz está cozido demais). Adicione o queijo. Polvilhe com sal e pimenta.

Frango frito com cranberry e molho de laranja

Usar um termômetro de carne garante que o frango esteja cozido e macio para um corte perfeito. A receita de cranberry e laranja rende uma grande quantidade.

Serviço 6

1 frango inteiro, aproximadamente 1,5 kg/3 lb
Pimentão vermelho
sal e pimenta preta moída na hora, a gosto
120ml/4 onças de caldo de galinha
¼ quantidade de sabor Cranberry e Laranja

Faça alças de alumínio e coloque na panela elétrica. Polvilhe levemente o frango com páprica, sal e pimenta. Insira um termômetro de carne com a ponta na parte mais grossa da parte interna da coxa e sem tocar no osso. Coloque o frango na panela elétrica. Adicione o caldo. Cubra e cozinhe em fogo baixo até o termômetro registrar 80ºC, 4-5 horas. Retire o frango usando alças de papel alumínio. Coloque em uma travessa e cubra com papel alumínio. Reserve o caldo para sopa ou outro uso. Sirva o frango com molho de cranberry e laranja.

sabor mirtilo e laranja

Isso fica bem na geladeira por algumas semanas.

para 18 pessoas

5 laranjas grandes
250ml/8 fl oz de água
700g de açúcar granulado
350 g de cranberries
50 g de nozes picadas grosseiramente

Rale a casca de 3 laranjas. Reservado. Descasque as laranjas e corte-as em rodelas. Combine todos os ingredientes na panela elétrica. Cubra e cozinhe em fogo baixo por 6 a 7 horas. Se desejar uma consistência mais espessa, cozinhe-o descoberto até engrossar.

purê de batata de verdade

Rico e fofo – purê de batata como você provavelmente nunca provou antes!

Serviço 6

900g de batatas farinhentas, descascadas e cozidas, quentes
75 ml/2½ fl oz de leite semidesnatado
75ml/2½ fl oz de creme de leite
2 colheres de sopa de manteiga ou margarina
sal e pimenta preta moída na hora, a gosto

Amasse ou bata as batatas até ficar homogêneo, acrescente o leite, o creme de leite e a manteiga ou margarina. Polvilhe com sal e pimenta.

Frango frito com purê de batata e molho

Combine este frango úmido e perfeitamente cozido com brócolis cozido no vapor, cenoura e creme de batata.

Serviço 6

1 frango inteiro, aproximadamente 1,5 kg/3 lb
Pimentão vermelho
sal e pimenta preta moída na hora, a gosto
120 ml/4 fl oz de caldo de galinha ou água
25g/1 onça 00 de farinha
120ml/4 fl oz de água
Purê de batata (veja acima)

Faça alças de alumínio e coloque na panela elétrica. Polvilhe levemente o frango com páprica, sal e pimenta. Insira um termômetro de carne com a ponta na parte mais grossa da parte interna da coxa e sem tocar no osso. Coloque o frango na panela elétrica. Adicione o caldo. Cubra e cozinhe em fogo baixo até o termômetro registrar 80ºC, 4-5 horas. Retire o frango usando alças de papel alumínio. Coloque em uma travessa e cubra com papel alumínio.

Despeje o caldo em um copo medidor. Colher o óleo. Despeje 450 ml de caldo em uma panela e leve para ferver. Bata a farinha e a água, mexendo até engrossar, cerca de 1 minuto. Polvilhe com sal e pimenta. Sirva o frango com purê de batata e molho.

Frango verde tailandês e curry de feijão

As pastas de curry tailandês em frasco são um complemento muito útil para a sua despensa, tornando esta receita deliciosa de Carolyn Humphries.

para 4 pessoas

punhado de cebolas picadas congeladas ou 1 cebolinha ou 4 cebolinhas picadas

10 ml/2 colheres de chá de manteiga amolecida

450 g de carne de frango em cubos

200g de feijão verde congelado, cortado em pedaços curtos

400g/14 onças de leite de coco

45ml/3 colheres de sopa de pasta de curry verde tailandês

5 ml/1 colher de chá de capim-limão de uma jarra

1 colher de sopa de molho de peixe tailandês

sal e pimenta preta moída na hora

macarrão de arroz ou ovo para servir

algumas cebolinhas secas para enfeitar

Na panela elétrica, misture a cebola com a manteiga. Adicione o frango e o feijão e espalhe. Misture o leite de coco com a pasta de curry, o capim-limão e o molho de peixe. Despeje o frango e o feijão por cima. Cubra e cozinhe em fogo alto por 3 horas ou em fogo baixo por 6 horas até ficar bem macio. Prove e tempere se necessário. Sirva com uma colher de arroz ou macarrão de ovo e polvilhe com cebolinha seca.

Peito de frango com legumes picantes

Laranja, alecrim e erva-doce acentuam este tenro peito de frango.

para 4 pessoas

4 filés de peito de frango sem pele, com cerca de 175g cada

12 minicenouras

8 batatas macias pequenas, cortadas em quartos

225 g de cogumelos brancos ou marrons, divididos em quartos
3 dentes de alho em fatias finas
1-2 colheres de chá de casca de laranja ralada
1 colher de chá de sementes de erva-doce picadas
1 colher de chá de alecrim seco
1 folha de louro
120ml/4 fl oz de caldo de galinha ou suco de laranja
120ml/4 fl oz de vinho branco seco ou caldo de galinha extra
2 colheres de sopa de licor de laranja (opcional)
1 colher de sopa de amido de milho
2 colheres de sopa de água
sal e pimenta preta moída na hora, a gosto

Coloque todos os ingredientes, exceto amido de milho, água, sal e pimenta, na panela elétrica. Cubra e cozinhe em fogo baixo por 6 a 8 horas.

Coloque o frango e os legumes em uma travessa e mantenha aquecido. Meça 450ml/¾ litro de caldo em uma panela pequena. Bata o fubá e a água até engrossar, cerca de 1 minuto. Polvilhe com sal e pimenta. Sirva o molho sobre os legumes e o peito de frango.

frango com xerez

Um delicioso prato para refeições divertidas ou especiais em família.
Sirva com arroz aromático para absorver os deliciosos sucos.

para 4 pessoas

50ml/2 fl oz de xerez seco
175g/6 onças de passas
4 filés de peito de frango sem pele, com cerca de 175g cada
50 g de nozes picadas grosseiramente
1 torta de maçã para assar, descascada e picada
1 cebola roxa pequena, fatiada
2 dentes de alho esmagados

250ml/8 fl oz de caldo de galinha
sal e pimenta preta moída na hora, a gosto

Despeje o xerez sobre as passas em uma tigela. Deixe descansar por 15 a 30 minutos. Coloque na panela elétrica com todos os outros ingredientes, exceto sal e pimenta. Cubra e cozinhe na potência máxima ou até o frango ficar macio, 3 a 4 horas. Polvilhe com sal e pimenta.

Frango Salgado e Arroz

Esta é uma ótima maneira de usar frango pré-cozido ou sobras, bem como carne de porco ou boi, sugere Catherine Atkinson.

para 4 pessoas

4 cebolinhas, fatiadas
200g/7 onças de tomate em cubos em lata
175 ml/6 fl oz de caldo de frango ou vegetais quente
½ pimentão vermelho, sem sementes e picado, ou 50g de pimentões mistos congelados, descongelados e fatiados
uma pitada de ervas secas misturadas
75g de arroz de grão longo fácil de cozinhar
sal e pimenta preta moída na hora
75g/3oz de frango cozido picado grosseiramente

Coloque as cebolinhas na panela de cerâmica. Despeje os tomates e depois a água por cima. Feche a tampa e coloque a panela elétrica em alta. Deixe descansar por alguns minutos enquanto mede e prepara o restante dos ingredientes. Junte o pimentão picado e as ervas e polvilhe sobre o arroz. Tempere com sal e pimenta e misture novamente. Cubra e cozinhe por 50-60 minutos ou até que o arroz esteja macio e tenha absorvido a maior parte do líquido. Adicione o frango e cozinhe por mais 10 minutos para aquecê-lo antes de servir.

Frango Mediterrâneo

Os peitos de frango são guarnecidos com erva-doce, abobrinha e azeitonas ao molho à base de tomate.

para 4 pessoas

4 filés de peito de frango sem pele, com cerca de 175g cada
400g/14 onças de tomate picado em lata
120ml/4 onças de caldo de galinha
120ml/4 fl oz de vinho branco seco ou caldo de galinha extra
1 abobrinha fatiada
2 cebolas pequenas picadas
1 erva-doce fatiada
1 colher de chá de tomilho seco
1 folha de louro
40g de azeitonas Kalamata sem caroço, fatiadas

1-2 colheres de chá de suco de limão

sal e pimenta preta moída na hora, a gosto

75g de arroz, cozido, quente

Coloque todos os ingredientes, exceto azeitonas, suco de limão, sal, pimenta e arroz, na panela elétrica. Tampe e cozinhe em fogo baixo por 6-8 horas, acrescentando as azeitonas nos últimos 30 minutos. Tempere com suco de limão, sal e pimenta. Descarte a folha de louro. Sirva a mistura de frango e tomate sobre o arroz.

Frango Indonésio com Abobrinha

Leite de coco, raiz de gengibre fresco, alho, coentro fresco e cominho fazem um molho perfumado para frango.

Serviço 6

3 peitos de frango grandes sem pele, 175–225g cada, cortados ao meio

Leite de coco 400g/14 onças

50ml/2 fl oz de água

50ml/2 fl oz de suco de limão

1 cebola picada

1 dente de alho amassado

7,5 cm/3 polegadas de raiz de gengibre fresco, ralado finamente ou 2 colheres de chá de gengibre em pó

2 colheres de chá de coentro moído

1 colher de chá de cominho em pó

450g de abobrinha, cortada ao meio no sentido do comprimento, sem sementes e fatiada
1 colher de sopa de amido de milho
2 colheres de sopa de água
15g de coentro fresco picado
sal e pimenta preta moída na hora, a gosto
100g de arroz cozido e quente

Coloque todos os ingredientes, exceto abobrinha, amido de milho, 2 colheres de sopa de água, coentro fresco, sal, pimenta e arroz na panela elétrica. Cubra e cozinhe em fogo baixo por 3½–4 horas, adicionando abobrinha nos últimos 30 minutos. Retire os peitos de frango e mantenha aquecido. Ligue o fogo e cozinhe por 10 minutos. Adicione o fubá combinado e 2 colheres de sopa de água, mexendo por 2 a 3 minutos. Adicione coentro fresco. Polvilhe com sal e pimenta. Sirva o frango e coloque o arroz em tigelas rasas.

Peito de Frango com Figos

Figos e suco de laranja, enriquecidos com molho de soja e xerez, complementam o tenro peito de frango.

para 4 pessoas

4 filés de peito de frango sem pele (cerca de 175g cada)

8 figos secos, cortados em quartos

2 colheres de sopa de molho de soja

2 colheres de sopa de xerez seco

175ml/6 onças de suco de laranja

Casca ralada de 1 laranja

2 colheres de sopa de amido de milho

2 colheres de sopa de água

2 colheres de mel

sal e pimenta preta moída na hora, a gosto

75g de arroz, cozido, quente

Coloque todos os ingredientes, exceto amido de milho, água, mel, sal, pimenta e arroz, na panela elétrica. Cubra e cozinhe na potência máxima por 4-6 horas. Retire o frango e mantenha aquecido. Ligue o fogo e cozinhe por 10 minutos. Adicione a farinha de milho, a água e o mel, mexendo por 2-3 minutos. Polvilhe com sal e pimenta. Sirva o peito de frango e o molho sobre o arroz.

Prato De Frango Com Molho

Molho mole fácil é feito de feijão de pimenta enlatado.

para 4 pessoas

Molho mole (veja abaixo)
4 filés de peito de frango sem pele, com cerca de 100g cada
175 g de arroz cozido, quente
coentro fresco picado para decorar
120ml/4 fl oz de creme de leite

Despeje metade do molho mole na panela elétrica. Cubra com os peitos de frango e o molho restante. Cubra e cozinhe em fogo baixo por 4-6 horas. Despeje sobre o arroz. Polvilhe generosamente com coentros frescos e sirva com creme de leite.

molho toupeira

Esta receita é classificada como adequada para vegetarianos, mas certifique-se de usar molho inglês vegetariano se isso for importante para você (alguns não são).

para 4 pessoas

400g/14 onças de feijão com molho de pimenta e licor
1 cebola picada grosseiramente
2 dentes de alho
50 g de molho de tomate pronto
1 colher de sopa de molho inglês
½ colher de chá de canela em pó
15g/½ onça de chocolate amargo, finamente picado
25g/1oz de amêndoas em flocos

Processe todos os ingredientes em um processador de alimentos até ficar homogêneo.

Canapé de Frango

Peito de frango e brócolis cozidos em um delicioso molho.

Serviço 6

Molho Divan (veja abaixo)
6 filés de peito de frango sem pele, cerca de 100 g cada, cortados pela metade
500 g de florzinhas de brócolis e talos fatiados
100g de arroz integral, cozido, quente
parmesão ralado na hora e pimenta vermelha para enfeitar

Despeje um terço do Molho Divan na panela elétrica. Cubra com o frango e o molho restante. Cubra e cozinhe em fogo baixo por 4 a 5 horas, acrescentando o brócolis nos últimos 30 minutos. Despeje sobre o arroz. Polvilhe com parmesão e páprica.

sofá de salsa

Molho rico com sabor de xerez.

PARA 600ML/1PINT

3 colheres de sopa de manteiga ou margarina
25g/1 onça 00 de farinha
600ml/1 litro de creme ou leite integral
50ml/2 fl oz de xerez seco
sal e pimenta preta moída na hora, a gosto

Derreta a manteiga ou margarina em uma panela média. Adicione a farinha e cozinhe por 1-2 minutos. Junte o creme de leite ou o leite e ferva, mexendo sempre, até engrossar, cerca de 1 minuto. Bata na tira. Polvilhe com sal e pimenta.

Caçarola de Frango Fácil

Este prato pode ser facilmente preparado com ingredientes enlatados e congelados apropriados.

para 4 pessoas

Lata de 300g/11oz de Creme Condensado de Canja de Galinha
300ml/½ litro de leite semidesnatado
250ml/8 fl oz de água
450 g de peito de frango desossado e sem pele, em cubos (2 cm)
2 cebolas fatiadas
275 g/10 onças de vegetais mistos congelados, descongelados
2 colheres de sopa de amido de milho
50ml/2 fl oz de água
sal e pimenta preta moída na hora, a gosto

Combine a sopa, o leite e a água na panela elétrica. Adicione o frango e a cebola e misture. Tampe e cozinhe em fogo baixo por 5-6 horas, acrescentando a mistura de vegetais nos últimos 20 minutos. Ligue o fogo e cozinhe por 10 minutos. Adicione o fubá e a água combinados, mexendo por 2 a 3 minutos. Polvilhe com sal e pimenta.

frango com pimenta vermelha

Simples e cheia de sabor e cor, você também pode servir esta receita da Carolyn Humphries com arroz, purê de batata fofinho ou cuscuz.

para 4 pessoas

2 colheres de sopa de amido de milho
sal e pimenta preta moída na hora
4 peitos de frango sem pele
2 punhados de pimentões mistos congelados fatiados ou 1 pimentão vermelho e 1 pimentão verde fatiado
65g de pimenta já fatiada
400g/14 onças de tomate em cubos em lata
4 colheres de sopa de vinho branco seco
1 colher de sopa de purê de tomate
5 ml/1 colher de chá de açúcar granulado
1,5 ml/¼ colher de chá de pimenta vermelha seca esmagada ou pimenta vermelha esmagada de uma jarra
5ml/1 colher de chá de alho picado de uma jarra ou 1 dente de alho picado
2,5 ml/½ colher de chá de tomilho seco
2,5 ml/½ colher de chá de pimenta da Jamaica
Macarrão fita e salada verde para servir

Na panela elétrica, misture o amido de milho com um pouco de sal e pimenta. Adicione o frango e vire para cobrir completamente. Adicione todos os outros ingredientes e misture bem. Cubra e cozinhe em fogo alto por 3 horas ou em fogo baixo por 6 horas até que o frango esteja bem macio. Prove e reajuste se necessário. Sirva com uma colher sobre o macarrão com uma salada verde crocante.

frango da aldeia

Esta caçarola picante aquece maravilhosamente em uma noite de outono ou inverno.

Serviço 6

700 g de filé de peito de frango sem pele, em cubos (2,5 cm)
250ml/8 fl oz de caldo de galinha
175g/6oz de purê de tomate
225g de couve picada grosseiramente
2 cebolas picadas
1 pimentão verde picado
2 dentes grandes de alho esmagados
1 folha de louro
1 colher de sopa de suco de limão
1 colher de sopa de molho inglês
1 colher de sopa de açúcar
2 colheres de chá de manjericão seco
2 colheres de chá de mostarda Dijon
3-4 gotas de molho Tabasco
sal e pimenta preta moída na hora, a gosto
100g de arroz cozido e quente

Combine todos os ingredientes, exceto sal, pimenta e arroz na panela elétrica. Cubra e cozinhe em fogo baixo por 6 a 8 horas.

Descarte a folha de louro. Polvilhe com sal e pimenta. Sirva com arroz.

Frango com feijão e grão de bico

Grão de bico e feijão enlatados combinam com frango em uma caçarola picante e quente.

para 8 pessoas

275g de filé de peito de frango sem pele, cortado em cubos
2 latas de 400g de Feijão Cozido ou Carne de Porco e Feijão
400g de grão de bico enlatado, escorrido e enxaguado
400g/14 onças de tomate picado em lata
1 cebola grande picada
1 pimenta vermelha picada
2 dentes de alho esmagados
2-3 colheres de chá de pimenta
¾ colher de chá de tomilho seco
sal e pimenta preta moída na hora, a gosto

Combine todos os ingredientes, exceto sal e pimenta, na panela elétrica. Cubra e cozinhe na potência máxima por 4-5 horas. Polvilhe com sal e pimenta.

Batata Doce com Frango

Uma caçarola à base de batata ou uma combinação de batata com batata doce também é deliciosa.

para 4 pessoas

450 g de filé de peito de frango sem pele, em cubos (2,5 cm)
375 ml de caldo de galinha
350g de batata doce, descascada e cortada em cubos (2cm)
1 pimentão verde grande, fatiado
2-3 colheres de chá de pimenta
½ colher de chá de alho em pó
2 colheres de sopa de amido de milho
50ml/2 fl oz de água
sal e pimenta preta moída na hora, a gosto

Combine todos os ingredientes, exceto amido de milho, água, sal e pimenta na panela elétrica. Cubra e cozinhe na potência máxima por 4-5 horas. Adicione o fubá e a água combinados, mexendo por 2 a 3 minutos. Polvilhe com sal e pimenta.

Caçarola de frango e purê de batata

Delicioso purê de batata enriquecido com queijo cobre esta caçarola farta. As batatas podem ser preparadas com um dia de antecedência e guardadas tampadas na geladeira.

para 4 pessoas

450 g de filé de peito de frango sem pele, em cubos (2 cm)
250ml/8 fl oz de caldo de galinha
1 cebola picada
2 cenouras pequenas, fatiadas
1 talo de aipo
75g de cogumelos fatiados
½ colher de chá de alecrim seco
½ colher de chá de tomilho seco
50 g/2 onças de petits pois congelados, descongelados
1-2 colheres de sopa de amido de milho
3-4 colheres de sopa de água fria
sal e pimenta preta moída na hora, a gosto
½ quantidade de purê de batata real
1 gema de ovo
50 g de queijo cheddar ralado
1-2 colheres de sopa de manteiga derretida ou margarina

Combine o frango, o caldo, a cebola, a cenoura, o aipo, os cogumelos e as ervas na panela elétrica. Cubra e cozinhe em fogo baixo por 6 a 8 horas. Adicione as ervilhas, aumente o fogo e cozinhe por 10 minutos. Adicione o fubá e a água combinados, mexendo por 2 a 3 minutos. Polvilhe com sal e pimenta.

Enquanto a caçarola cozinha, prepare um verdadeiro purê de batata misturando as gemas e o queijo. Espalhe a mistura de batata em quatro montinhos em uma assadeira untada e leve à geladeira, tampada, até esfriar, por cerca de 30 minutos. Tempere as batatas com manteiga ou margarina. Asse a 220°C/gás 7/forno ventilado a 200°C por cerca de 15 minutos até dourar. Caçarola de tigela superior com batatas.

Frango recheado assado lentamente

Carolyn Humphries recomenda assar o frango em forno bem quente por 30 minutos para dourar a pele.

para 4 pessoas

Pacote de 85g/3½ onças de sálvia e recheio de cebola ou salsicha e tomilho

um punhado de passas

óleo de girassol para lubrificação

1 frango pronto para forno, aproximadamente 1,5 kg/3 lb

5 ml/1 colher de chá de molho de soja

300ml/½ litro de caldo de galinha quente

45 ml/3 colheres de sopa de farinha 00

45 ml/3 colheres de sopa de água

sal e pimenta preta moída na hora

Prepare o recheio com água fervente conforme indicado na embalagem e junte as passas. Use um pouco para encher a ponta do pescoço do pássaro e prenda a aba de pele com um espeto. Coloque o recheio restante em papel manteiga e dobre em um pacote. Coloque uma folha de papel alumínio de espessura dupla na panela elétrica para cobrir as laterais da panela (para permitir fácil remoção da ave após o cozimento).

Pincele o papel alumínio com óleo. Coloque o pássaro em papel alumínio na panela elétrica e pincele com molho de soja. Coloque o pacote de papel alumínio na extremidade da perna. Despeje água fervente ao redor. Cubra e cozinhe em fogo alto por 2-3 horas ou em fogo baixo por 4-6 horas até que a ave esteja cozida e o suco escorra claro quando cutucado na parte mais grossa da coxa.

Usando papel alumínio, retire o pássaro da panela e transfira-o para a assadeira (ainda sobre o papel alumínio). Asse em forno pré-aquecido a 230°C/gás 8/forno ventilado a 210°C por 30 minutos até dourar e ficar crocante. Retire do forno e deixe descansar por 10 minutos antes de esculpir. Enquanto isso, misture a farinha e a água em uma panela. Combine a água do cozimento da panela elétrica, deixe ferver e cozinhe, mexendo, por 2 minutos. Tempere a gosto, se necessário. Corte a ave e sirva com molho, recheio e guarnições habituais.

frango e cogumelo

Sirva esta torta picante com fatias de pão parmesão quente.

para 4 pessoas

450 g de filé de peito de frango sem pele, em cubos (2 cm)
250ml/8 fl oz de caldo de galinha
175g/6oz de purê de tomate
1 colher de sopa de molho inglês
225g de cogumelos em fatias grossas
1 cebola grande picada
2 dentes de alho esmagados
2 cenouras grandes, raladas grosseiramente
1 folha de louro
1 colher de chá de tempero de ervas italianas secas
¼ colher de chá de mostarda seca em pó
1-2 colheres de sopa de amido de milho
2-4 colheres de sopa de água
sal e pimenta preta moída na hora
225 g de espaguete cozido e quente

Na panela elétrica, misture todos os ingredientes, exceto amido de milho, água, sal, pimenta e espaguete. Cubra e cozinhe na potência máxima por 4-6 horas. Adicione o fubá e a água combinados, mexendo por 2 a 3 minutos. Descarte a folha de louro. Polvilhe com sal e pimenta. Sirva com espaguete.

Frango e Cogumelos Selvagens

Cogumelos silvestres ou exóticos cultivados são sazonais, mas vale a pena comprá-los quando disponíveis para preparar tais pratos.

para 4 pessoas

450g de filé de peito de frango sem pele, cortado em cubos
120ml/4 onças de caldo de galinha
120ml/4 fl oz de vinho branco seco ou caldo de galinha extra
225g de cogumelos selvagens misturados, picados grosseiramente
2 cebolinhas em fatias finas
1 alho-poró pequeno (só a parte branca), cortado em fatias finas
1 colher de sopa de alcaparras escorridas
1-2 colheres de sopa de amido de milho
2-4 colheres de sopa de água
sal e pimenta preta moída na hora
75g de arroz integral, cozido, quente

Combine todos os ingredientes, exceto alcaparras, amido de milho, água, sal, pimenta e arroz na panela elétrica. Cubra e cozinhe em fogo baixo por 6 a 8 horas. Adicione as alcaparras, aumente o fogo e cozinhe por 10 minutos. Adicione o fubá e a água combinados, mexendo por 2 a 3 minutos. Polvilhe com sal e pimenta. Sirva com arroz.

frango com limão

Suco de limão fresco e pimenta caiena são os destaques do sabor deste prato delicioso.

Serviço 6

450g de filé de peito de frango sem pele, cortado em cubos
2 caixas de 400g de tomate picado
1 jalapeño ou outra pimenta, picada finamente
2 dentes de alho esmagados
1 colher de chá de grânulos de caldo de frango instantâneo ou um cubo de caldo de frango
2 colheres de chá de manjericão seco
350g de florzinhas de brócolis
50–75 ml/2–2½ fl oz de suco de limão
sal e pimenta preta moída na hora
350 g/12 onças de macarrão ou macarrão cabelo de anjo, cozido e quente
parmesão ralado na hora para enfeitar

Na panela elétrica, misture todos os ingredientes, exceto brócolis, suco de limão, sal, pimenta, macarrão e queijo. Feche a tampa e cozinhe na potência máxima por 4-5 horas, acrescentando o brócolis nos últimos 20 minutos. Tempere com suco de limão, sal e pimenta. Sirva sobre o macarrão polvilhado com parmesão.

Cidra e creme de frango

O prato glamoroso de Carolyn Humphries requer pouco esforço. Você pode usar suco de maçã ou cidra.

para 4 pessoas

450g/1lb de vegetais mistos congelados e cozidos no vapor, como milho doce, cenoura, feijão verde
100g de botão fresco ou cogumelos fatiados congelados
450 g de carne de frango em cubos
45 ml/3 colheres de sopa de amido de milho
sal e pimenta preta moída na hora
2 colheres de sopa de cebola em flocos
150ml/¼ pt de cidra semi-seca
150ml/¼ litro de caldo de galinha quente
1 sachê de bouquet garni
90 ml/6 colheres de sopa de creme
arroz com manteiga para servir
2 colheres de sopa de salsa fresca ou congelada picada

Coloque todos os ingredientes, exceto o creme de leite e a salsa, na panela elétrica e misture bem. Cubra e cozinhe em alta por 3 horas ou em baixa por 6 horas. Retire o bouquet garni e envolva no creme. Prove e tempere se necessário. Sirva sobre uma cama de arroz com manteiga e guarnecida com salsa.

Frango com Espinafre e Arroz

O arroz de espinafre é um acompanhamento delicioso para este prato de estilo francês.

Serviço 6

1 frango inteiro, cerca de 900g, cortado em pedaços
250ml/8 fl oz de caldo de galinha
175g/6oz de purê de tomate
8 tomates, sem sementes e picados grosseiramente
1 cebola picada
1 pimentão vermelho pequeno picado
50g de cogumelos, fatiados
1 dente de alho amassado
½ colher de chá de manjericão seco
½ colher de chá de estragão seco
½ colher de chá de tomilho seco
uma pitada generosa de coco fresco ralado
2 abobrinhas fatiadas
40g de azeitonas pretas sem caroço
1-2 colheres de sopa de amido de milho
2-4 colheres de sopa de água fria
sal e pimenta preta moída na hora, a gosto
Arroz de Espinafre (veja abaixo)

Combine todos os ingredientes, exceto abobrinha, azeitonas, amido de milho, água, sal, pimenta e arroz de espinafre na panela elétrica. Tampe e cozinhe em fogo baixo por 6-8 horas, acrescentando a abobrinha e as azeitonas nos últimos 20 minutos. Ligue o fogo e cozinhe por 10 minutos. Adicione a farinha de milho e a água, mexendo por 2-3 minutos. Polvilhe com sal e pimenta. Sirva com arroz de espinafre.

arroz de espinafre

Um prato de arroz multiusos que combina especialmente bem com pratos mediterrâneos.

Serviço 6

½ cebola picada
óleo, para lubrificar
275 g de arroz de grão longo
600ml/1 litro de caldo de galinha
150 g de espinafre fatiado

Refogue a cebola em uma frigideira média levemente untada com óleo até ficar macia, 2 a 3 minutos. Combine o arroz e o caldo e deixe ferver. Reduza o fogo e cozinhe, tampado, por cerca de 25 minutos até o arroz ficar macio, acrescentando o espinafre nos últimos 10 minutos.

Frango com laranja e legumes

Tanto o suco quanto as raspas de laranja são usados para dar a este guisado um sabor cítrico refrescante. Sirva com arroz aromático.

Serviço 6

1,25 kg de filé de peito de frango sem pele
375ml/13 fl oz de suco de laranja
275 g de tomate picado
250g de batatas sem casca e cortadas em cubos
2 cebolas fatiadas
2 cenouras grandes, cortadas em fatias grossas
2 dentes de alho esmagados
½ colher de chá de manjerona seca
½ colher de chá de tomilho seco
2 colheres de chá de casca de laranja ralada
1 pedaço de pau de canela (2,5 cm/1 polegada)
2 colheres de sopa de amido de milho
50ml/2 fl oz de água
sal e pimenta preta moída na hora, a gosto

Combine todos os ingredientes, exceto amido de milho, água, sal e pimenta em uma panela elétrica de 5,5 litros/9½ litros. Cubra e cozinhe em fogo baixo por 6 a 8 horas. Ligue o fogo e cozinhe por 10 minutos. Adicione o fubá e a água combinados, mexendo por 2 a 3 minutos. Polvilhe com sal e pimenta.

Frango Laranja Gengibre com Abobrinha

Qualquer abóbora, como abóbora ou abobrinha, é adequada para este prato perfumado.

Serviço 6

700g de filé de peito de frango sem pele, cortado em cubos
250ml/8 fl oz de caldo de galinha
400g/14 onças de tomate picado em lata
120ml/4 fl oz de suco de laranja
500g de abóbora ou outra abóbora, descascada e picada
2 batatas descascadas e picadas
2 cebolas pequenas, picadas grosseiramente
1 pimentão verde pequeno, picado grosseiramente
2 dentes de alho esmagados
1 colher de sopa de casca de laranja ralada
½ colher de chá de gengibre em pó
120ml/4 fl oz de creme de leite
1 colher de sopa de amido de milho
sal e pimenta preta moída na hora, a gosto
275g de arroz basmati integral ou macarrão, cozido, quente

Combine o creme de leite, o amido de milho, o sal, a pimenta e todos os ingredientes, exceto macarrão ou arroz, em uma panela elétrica de 5,5 litros/9½ litros. Cubra e cozinhe em fogo baixo por 6 a 8 horas. Adicione o creme de leite e o amido de milho combinados, mexendo por 2 a 3 minutos. Polvilhe com sal e pimenta. Sirva com macarrão ou arroz.

frango com damasco

Mostarda Dijon e geléia de damasco dão sabor ao molho de vinho nesta caçarola.

Serviço 6

700g de filé de peito de frango sem pele, esquartejado
75ml/2½ fl oz de caldo de galinha
75ml/2½ fl oz de vinho branco seco ou caldo de galinha
90 g de geléia de damasco
1 cenoura picada
1 talo de aipo picado
4 cebolinhas, fatiadas
2 colheres de sopa de mostarda Dijon
1 colher de chá de alecrim seco picado
1 colher de chá de pimenta vermelha
50 g/2 onças de petits pois congelados, descongelados
1-2 colheres de sopa de amido de milho
2-3 colheres de sopa de água
sal e pimenta preta moída na hora, a gosto
100g de arroz cozido e quente

Combine todos os ingredientes, exceto ervilhas, amido de milho, água, sal, pimenta e arroz na panela elétrica. Adicione as ervilhas nos últimos 20 minutos, tampe e cozinhe na potência máxima por 4-5 horas. Adicione o fubá e a água combinados, mexendo por 2 a 3 minutos. Polvilhe com sal e pimenta. Sirva com arroz.

Frango Avelã

Ameixas e damascos secos adicionam doçura e profundidade de sabor a este prato de frango. Se quiser que o molho fique um pouco mais espesso, adicione 1 a 2 colheres de sopa de amido de milho e 2 a 3 colheres de sopa de água perto do cozimento.

para 4 pessoas

450 g de filé de peito de frango sem pele, em cubos (4 cm)
300ml/½ litro de caldo de galinha
2 cebolas pequenas, finamente picadas
1 pimentão vermelho pequeno, picado finamente
1 dente de alho amassado
½ colher de chá de gengibre em pó
1 folha de louro
200 g de passas mistas
175g de ameixas secas sem caroço, picadas grosseiramente
175 g de damascos secos picados grosseiramente
2-4 colheres de sopa de rum light (opcional)
sal e pimenta preta moída na hora, a gosto
175 g de arroz cozido, quente

Combine todos os ingredientes, exceto avelãs, rum, sal, pimenta e arroz na panela elétrica. Cubra e cozinhe na potência máxima por 4-5 horas, adicionando frutas secas e rum nas últimas 1,5 horas. Descarte a folha de louro e tempere com sal e pimenta. Sirva com arroz.

Frango ao vinho tinto com cogumelos

Baseado no clássico prato francês coq au vin, este prato é muito fácil de preparar. Sirva com batatas cremosas ou arroz e feijão verde.

para 4 pessoas

punhado de cebolas picadas congeladas ou 1 cebolinha picada
10 ml/2 colheres de chá de manteiga amolecida
100g de banha defumada
4 peitos de frango sem pele
100 g/4 onças de cogumelos baby ou 1 x 300 g/11 onças de cogumelo botão, escorrido
300ml/½ litro de vinho tinto
1 colher de sopa de purê de tomate
45 ml/3 colheres de sopa de amido de milho
2 colheres de sopa de conhaque
250ml/8 fl oz de caldo de galinha quente
5 ml/1 colher de chá de açúcar granulado
2,5 ml/½ colher de chá de ervas secas misturadas
sal e pimenta preta moída na hora
salsa fresca picada para enfeitar

Na panela elétrica, misture a cebola com a manteiga. Polvilhe com a banha e depois acrescente o frango e os cogumelos. Misture o vinho com o puré de tomate e o amido de milho até obter uma mistura homogénea, depois adicione a aguardente, o caldo, o açúcar e as ervas aromáticas. Despeje sobre o frango e polvilhe com sal e pimenta. Cubra e cozinhe em fogo alto por 3 horas ou em fogo baixo por 6 horas até que o molho fique rico e o frango macio. Misture bem. Prove e tempere se necessário. Decore com um pouco de salsa picada.

Frango Verônica

Uvas vermelhas e verdes sem sementes acrescentam sabor e cor a este prato tradicional. Sirva com arroz aromático como jasmim ou basmati.

para 4 pessoas

450g de filé de peito de frango, cortado em quatro no sentido do comprimento
300ml/½ litro de caldo de galinha
50 ml de vinho branco seco (opcional)
50g de alho-poró em fatias finas (só a parte branca)
4 cebolinhas
2 dentes de alho esmagados
¾ colher de chá de estragão seco
50g de uvas vermelhas sem sementes, cortadas ao meio
50g de uvas verdes sem sementes, cortadas ao meio
2 colheres de sopa de amido de milho
50 ml de água fria
sal e pimenta preta moída na hora, a gosto

Na panela elétrica, misture todos os ingredientes, exceto uvas, amido de milho, água, sal e pimenta. Tampe e cozinhe na potência máxima por 4-5 horas, acrescentando as uvas nos últimos 10 minutos. Adicione o fubá e a água combinados, mexendo por 2 a 3 minutos. Polvilhe com sal e pimenta.

Frango com estragão e mostarda

O estragão de anis costuma ser cozido com frango e aqui é combinado com mostarda Dijon para um sabor doce e picante.

para 4 pessoas

450g de filé de peito de frango sem pele, cortado em cubos
250ml/8 fl oz de caldo de galinha
2 cebolas picadas, fatiadas
1 cenoura grande, fatiada
100g de couve de Bruxelas pequenas, cortadas ao meio
2 talos de aipo pequenos picados
1-2 colheres de sopa de mostarda Dijon
2 colheres de chá de estragão seco
2 colheres de chá de açúcar mascavo
1 colher de chá de suco de limão
2 colheres de sopa de amido de milho
50ml/2 fl oz de água
sal e pimenta preta moída na hora, a gosto
75g de arroz, cozido, quente

Combine todos os ingredientes, exceto amido de milho, água, sal, pimenta e arroz na panela elétrica. Cubra e cozinhe em fogo baixo por 6 a 8 horas. Ligue o fogo e cozinhe por 10 minutos. Adicione o fubá e a água combinados, mexendo por 2 a 3 minutos. Polvilhe com sal e pimenta. Sirva com arroz.

Frango com mel e mostarda

Mostarda Dijon e mel têm um toque picante, e uma pitada de curry é adicionada para dar um impulso a esta receita de frango.

para 4 pessoas

450g de filé de peito de frango sem pele, cortado em cubos
375 ml de caldo de galinha
225g/8oz de pequenas florzinhas de couve-flor
2 cebolas picadas
1 cenoura grande, fatiada
2 colheres de mel
1 colher de sopa de mostarda Dijon
1-2 colheres de chá de curry em pó
1-2 colheres de sopa de amido de milho
2-4 colheres de sopa de água
sal e pimenta preta moída na hora, a gosto
75g de arroz, cozido, quente

Combine todos os ingredientes, exceto amido de milho, água, sal, pimenta e arroz na panela elétrica. Cubra e cozinhe na potência máxima por 4-5 horas. Adicione o fubá e a água combinados, mexendo por 2 a 3 minutos. Polvilhe com sal e pimenta. Sirva com arroz.

Frango chinês, pimentão e curry de milho

Um curry leve e rápido de Carolyn Humphries.

para 4 pessoas

punhado de cebolas picadas congeladas ou 1 cebolinha picada

1 colher de sopa de óleo de girassol

450 g de carne de frango em cubos

45 ml/3 colheres de sopa de amido de milho

1 pimenta fresca grande, fatiada

100 g/4 onças de espiga de milho fresco ou congelado

200ml/7 fl oz de caldo de galinha quente

10ml/2 colheres de chá de alho picado de uma jarra ou 2 dentes de alho picado

1 colher de sopa de curry light em pó

10 ml/2 colheres de chá de açúcar mascavo claro

2 colheres de sopa de molho de soja

sal

arroz para servir

Na panela elétrica, misture a cebola com o azeite. Cubra o frango com fubá e coloque na panela elétrica junto com o restante do fubá. Polvilhe com pimentão e espigas de milho. Misture o caldo com todos os demais ingredientes e regue. Cubra e cozinhe em fogo alto por 3 horas ou em fogo baixo por 6 horas até que o frango esteja bem macio e o molho engrosse. Mexa delicadamente, experimente e adicione sal se necessário. Sirva com uma colher sobre o arroz.

Frango Agridoce com Legumes

Frango e vegetais são cozidos em cidra e regados com mel e vinagre para um sabor agridoce refrescante.

Serviço 6

450g de filé de peito de frango sem pele, cortado em cubos
120ml/4 fl oz de suco de maçã ou suco de maçã
130 g / 4½ onças de tomate em cubos em lata
350g de abóbora ou abóbora, descascada e picada
175g de batatas farinhentas, descascadas e picadas
175g de batata doce, descascada e picada
100g de milho doce, descongelado se congelado
150g de chalota picada
½ pimenta vermelha picada
2 dentes de alho esmagados
1½ colheres de sopa de mel
1½ colher de sopa de vinagre de maçã
1 folha de louro
¼ colher de chá de coco ralado na hora
1 maçã pequena para assar, descascada e fatiada
sal e pimenta preta moída na hora, a gosto
100g de arroz basmati, cozido, quente

Combine todos os ingredientes, exceto maçãs, sal, pimenta e arroz na panela elétrica. Tampe e cozinhe em fogo baixo por 5-6 horas, acrescentando a maçã nos últimos 20 minutos. Descarte a folha de louro. Polvilhe com sal e pimenta. Sirva com arroz.

Frango com tomate e feijão

O vinho realça o sabor dos tomates neste molho de frango. Perfeito servido com polenta ou arroz.

Serviço 6

700g de filé de peito de frango sem pele, cortado em cubos
400g/14 onças de tomate picado em lata
400g de feijão canelini, escorrido e enxaguado
250ml/8 fl oz de caldo de galinha
120ml/4 fl oz de vinho branco seco ou caldo de galinha extra
50 ml de purê de tomate
175 g de cogumelos fatiados
2 cebolas fatiadas
2 dentes de alho esmagados
2 colheres de chá de suco de limão
1 folha de louro
½ colher de chá de tomilho seco
¼ colher de chá de tomilho seco
sal e pimenta preta moída na hora, a gosto

Combine todos os ingredientes, exceto sal e pimenta, na panela elétrica. Cubra e cozinhe em fogo baixo por 6 a 8 horas. Descarte a folha de louro. Polvilhe com sal e pimenta.

frango cuscuz

Esta receita de Carolyn Humphries é doce e ardente.

para 4 pessoas

8 coxas de frango pequenas ou 4 grandes sem pele
4 fatias de barriga de porco, cortadas ao meio
punhado de cebolas picadas congeladas ou 1 cebolinha picada
2 punhados grandes de pimentões mistos congelados, fatiados, ou 1 pimentão vermelho e 1 pimentão verde fresco, fatiados
2,5ml/½ colher de chá de pimenta vermelha esmagada ou flocos de pimenta vermelha seca de uma jarra
1 colher de sopa de açúcar mascavo claro
2,5 ml/½ colher de chá de canela em pó
uma boa pitada de cravo moído
2,5 ml/½ colher de chá de tomilho seco
10 ml/2 colheres de chá de vinagre de vinho tinto
300ml/½ litro de caldo de galinha quente
Sal e pimenta preta moída na hora
225g/8 onças de cuscuz
salada verde para servir

Coloque o frango, a carne de porco, a cebola, o pimentão e o pimentão vermelho na panela elétrica. Misture todos os outros ingredientes menos o cuscuz e regue, temperando com sal e bastante pimenta a gosto. Cubra e cozinhe em fogo alto por 4 horas ou em fogo baixo por 8 horas até que tudo esteja macio. Misture delicadamente o cuscuz, tampe novamente e deixe em fogo baixo por 5 minutos até que o cuscuz absorva a água. Descasque levemente o cuscuz com um garfo e sirva em tigelas. Acompanhe com salada verde.

Frango com Legumes e Lentilhas

Esta caçarola saudável combina frango e lentilhas com uma mistura de verduras. Sirva em tigelas rasas.

Serviço 6

1 frango (cerca de 1,5 kg/3 lb), cortado em pedaços
400g/14 onças de tomate picado em lata
375 ml de caldo de galinha
175g de lentilhas marrons ou Puy
1 talo de aipo fatiado
1 cenoura fatiada
75 g de flores de brócolis
1 cebola picada
2 dentes de alho esmagados
½ colher de chá de manjerona seca
3 fatias de bacon, cozidas até ficarem crocantes e quebradiças
sal e pimenta preta moída na hora, a gosto

Combine todos os ingredientes, exceto bacon, sal e pimenta em uma panela elétrica de 5,5 litros. Cubra e cozinhe em fogo baixo por 6 a 8 horas. Junte o bacon. Polvilhe com sal e pimenta.

Frango com cuscuz da horta

Para fazer esta caçarola, use vegetais sazonais cultivados em casa ou comprados no mercado e muitas verduras.

Serviço 6

1,25 kg de filé de peito de frango sem pele, cortado ao meio ou em quartos ou

375 ml de caldo de galinha

4 tomates médios, picados grosseiramente

225g de cenouras baby, cortadas ao meio

225g/8oz de shiitake ou cogumelos fatiados

2 cebolas em fatias grossas

1 nabo picado

1 jalapeño pequeno ou outra pimenta, picada finamente

2 abobrinhas fatiadas

15g de coentro fresco picado

sal e pimenta preta moída na hora, a gosto

75 g de cuscuz, cozido, quente

Combine todos os ingredientes, exceto abobrinha, coentro, sal, pimenta e cuscuz em uma panela elétrica de 5,5 litros. Tampe e cozinhe em fogo baixo por 6-8 horas, acrescentando a abobrinha nos últimos 30 minutos. Adicione os coentros e tempere com sal e pimenta. Sirva com cuscuz.

Ensopado de Frango

O cravo e o louro dão um toque quente e levemente exótico a este prato. Se desejar, você pode usar as ervas tradicionais alecrim e tomilho.

Serviço 6

700g de filé de peito de frango sem pele, metade ou um quarto

400 ml de caldo de galinha

2 cebolas cortadas em rodelas

1 cenoura grande, fatiada

1 talo de aipo grande, fatiado

2 dentes de alho esmagados

16 dentes inteiros amarrados em um saco de musselina

2 folhas de louro

2 colheres de sopa de amido de milho

50ml/2 fl oz de água

1-2 colheres de chá de suco de limão

sal e pimenta preta moída na hora, a gosto

350 g de macarrão, cozido, quente

Na panela elétrica, misture todos os ingredientes, exceto amido de milho, água, suco de limão, sal, pimenta e macarrão. Cubra e cozinhe em fogo baixo por 6 a 8 horas. Ligue o fogo e cozinhe por 10 minutos. Adicione o fubá e a água combinados, mexendo por 2 a 3 minutos. Retire os cravos e as folhas de louro. Polvilhe com sal e pimenta. Sirva com macarrão.

gumbo de frango

Alho, pimentão e quiabo fazem gumbo delicioso e fácil de fazer.

para 4 pessoas

450 g de peito de frango em cubos (2 cm)
400g/14 onças de tomate enlatado

450ml/¾ litro de caldo de galinha

2 cebolas picadas

½ pimentão vermelho ou verde picado

2 dentes de alho esmagados

½ colher de chá de tomilho seco

¼ colher de chá de pimenta vermelha moída em flocos

225g de quiabo descascado e cortado ao meio

sal e pimenta preta moída na hora, a gosto

75g de arroz, cozido, quente

Combine todos os ingredientes, exceto quiabo, sal, pimenta e arroz na panela elétrica. Tampe e cozinhe em fogo baixo por 6 a 8 horas, acrescentando quiabo nos últimos 30 minutos. Polvilhe com sal e pimenta. Sirva com arroz.

frango El Paso

Sirva este prato de frango com tomate, milho doce e feijão verde sobre arroz, polvilhado com tortilhas e queijo.

para 4 pessoas

450g de filé de peito de frango sem pele, cortado em cubos

2 latas de tomate 400g/14 onças

400g/14 onças de feijão enlatado, escorrido e enxaguado

275g/10oz de feijão francês, cortado em pedaços curtos
225g de milho doce
½ pacote de tempero para taco
sal e pimenta preta moída na hora, a gosto

Combine todos os ingredientes, exceto sal e pimenta, na panela elétrica. Cubra e cozinhe em fogo baixo por 6 a 8 horas. Polvilhe com sal e pimenta.

Quiabo de frango e feijão fradinho

Feijão fradinho, quiabo, milho doce e feijão manteiga combinam bem neste gumbo nutritivo. Sirva com pão de colher.

Serviço 6

450g de filé de peito de frango sem pele, cortado em cubos
450ml/¾ litro de caldo de galinha
400g/14 onças de tomate picado em lata
400g de feijão fradinho, escorrido e enxaguado
150g de feijão manteiga em lata escorrido e enxaguado

150g de milho doce, descongelado se congelado

1 joelho médio (opcional)

2 cebolas picadas

½ talo de aipo picado

½ pimentão vermelho ou verde pequeno picado

1 folha de louro

¼ colher de chá de tomilho seco

100g/4 onças de quiabo, aparado e fatiado

sal e pimenta preta moída na hora, a gosto

Combine todos os ingredientes, exceto quiabo, sal e pimenta na panela elétrica. Tampe e cozinhe em fogo baixo por 6 a 8 horas, acrescentando quiabo nos últimos 30 minutos. Descarte o jarrete e a folha de louro. Polvilhe com sal e pimenta.

frango brunswick

Sirva esta refeição caseira com purê de batata e verduras levemente cozidas no vapor.

para 4 pessoas

450 g de filé de peito de frango sem pele, em cubos (2,5 cm)

250ml/8 fl oz de caldo de galinha

400g/14oz de pasta de feijão enlatada, escorrida e enxaguada

400g/14 onças de tomate em cubos em lata, escorrido

100g de milho doce

1 cebola picada

½ pimentão verde picado

¼ colher de chá de pimenta vermelha moída em flocos

100g/4 onças de quiabo, aparado e fatiado

1-2 colheres de sopa de amido de milho

50ml/2 fl oz de água

sal e pimenta preta moída na hora, a gosto

Na panela elétrica, misture todos os ingredientes, exceto quiabo, amido de milho, água, sal e pimenta. Tampe e cozinhe na potência máxima por 4 a 5 horas, acrescentando o quiabo nos últimos 30 minutos. Adicione o fubá e a água combinados, mexendo por 2 a 3 minutos. Polvilhe com sal e pimenta.

frango com molho verde

Este delicioso ensopado é servido em tigelas rasas com feijão frito e arroz.

Serviço 6

250ml/8 fl oz de caldo de galinha

450 g/1 lb de sobremesa instantânea ou salsa verde quente

1 alface pequena, folhas cortadas

700g de filé de peito de frango sem pele, metade ou um quarto

1 cebola pequena picada

1 dente de alho picado

50ml/2 fl oz de creme de leite

1 colher de sopa de amido de milho

15g de coentro fresco picado

sal e pimenta preta moída na hora, a gosto

400g/14 onças de feijão verde

75g de arroz, cozido, quente

Processe o caldo, o molho e a alface em um processador de alimentos ou liquidificador até ficar quase homogêneo. Adicione o frango, a cebola e o alho à panela elétrica. Cubra e cozinhe na potência máxima por 3-4 horas. Adicione o creme de leite e o amido de milho combinados, mexendo por 2 a 3 minutos. Junte o coentro. Polvilhe com sal e pimenta. Sirva com feijão frito e arroz.

Frango agridoce caribenho

Sabores agridoces combinam com frango, abacaxi e feijão neste prato de inspiração caribenha. Sirva com arroz jasmim ou cuscuz.

Serviço 6

700g de filé de peito de frango sem pele, cortado em quatro no sentido do comprimento

450ml/¾ litro de caldo de galinha

400g de feijão preto em lata, escorrido e enxaguado

2 cebolas fatiadas

1 pimentão verde fatiado

1 pimentão vermelho fatiado

2 dentes de alho esmagados

2 cm/¾ de raiz de gengibre fresco picado, ralado finamente

2 colheres de chá de jalapeño picado ou outra pimenta meio picante

2 colheres de sopa de açúcar mascavo claro

2 colheres de sopa de vinagre de maçã

2-3 colheres de chá de curry em pó

550 g/1¼ lb de pedaços de abacaxi em lata sem açúcar, escorridos

2 colheres de sopa de amido de milho

50ml/2 fl oz de água

sal e pimenta preta moída na hora, a gosto

Na panela elétrica, misture todos os ingredientes, exceto abacaxi, amido de milho, água, sal e pimenta. Cubra e cozinhe em fogo baixo por 6-8 horas, acrescentando o abacaxi nos últimos 20 minutos. Ligue o fogo e cozinhe por 10 minutos. Adicione o fubá e a água combinados, mexendo por 2 a 3 minutos. Polvilhe com sal e pimenta.

Curry de frango com banana e castanha de caju

Cubra este curry de frango frutado com bananas fatiadas ou bananas e castanhas de caju.

Serviço 6

700g de filé de peito de frango sem pele, cortado em cubos

375 ml de caldo de galinha

75g/3oz de maçãs secas

75 g de damascos secos

75g de passas

2 cebolinhas fatiadas

2-3 colheres de chá de curry em pó

¼ colher de chá de pimenta vermelha moída em flocos

2-3 colheres de chá de suco de limão

sal e pimenta preta moída na hora, a gosto

100g de arroz cozido e quente
1 banana madura ou banana fatiada
25g/1oz de castanhas de caju picadas

Combine todos os ingredientes na panela elétrica, exceto suco de limão, sal, pimenta, arroz, banana ou banana e castanha de caju. Cubra e cozinhe na potência máxima por 3-4 horas. Tempere com suco de limão, sal e pimenta. Sirva com arroz e decore com rodelas de banana ou banana e castanha de caju.

Salsichas crioulas com milho doce

Use qualquer tipo de salsicha que desejar nesta caçarola; Salsichas de vegetais também são deliciosas. Sirva sobre tortilhas de arroz ou milho para absorver os sucos.

para 4 pessoas

350–450 g/12 onças–1 lb de linguiça de peru picante, fatiada (2,5 cm/1 pol.)
2 caixas de 400g de tomate picado
2 cebolas picadas
100g de milho doce, descongelado se congelado
½ pimentão verde picado
2 dentes de alho esmagados
½ colher de chá de tomilho seco
sal e pimenta preta moída na hora, a gosto
Molho Tabasco, para servir

Combine todos os ingredientes, exceto sal e pimenta, na panela elétrica. Cubra e cozinhe na potência máxima por 4-5 horas. Polvilhe com sal e pimenta. Sirva com molho Tabasco.

Feijão preto e quiabo quiabo

O filé de gumbo é uma mistura tradicional de temperos que você pode encontrar em supermercados especializados. Você pode substituí-lo por pimenta em pó. O quiabo é servido apenas em tortilhas de milho quentes.

para 8 pessoas

450g de linguiça de peru defumada fatiada
400g/14 onças de tomate enlatado
2 latas de 400g/14 onças de feijão preto, escorrido e enxaguado
250ml/8 fl oz de caldo de galinha
225g/8oz de cogumelos pequenos
2 cebolas picadas
1 pimenta vermelha picada
1 pimentão verde picado
1 cenoura grande, fatiada
1 colher de sopa de pimenta malagueta

1 colher de chá de filé de quiabo

2 xícaras de quiabo sem casca

sal e pimenta preta moída na hora, a gosto

Combine todos os ingredientes, exceto quiabo, sal e pimenta em uma panela elétrica de 5,5 litros/9½ litros. Tampe e cozinhe em fogo baixo por 6 a 8 horas, acrescentando quiabo nos últimos 30 minutos. Polvilhe com sal e pimenta.

Torta Fácil de Frango e Aipo

Faça este sapateiro fácil usando donuts comprados. Este prato também pode ser servido com macarrão ou purê de batata.

Serviço 6

700g de filé de peito de frango sem pele, cortado em cubos

375 ml de caldo de galinha

2 cebolas picadas

3 cenouras em fatias grossas

1 talo de aipo fatiado

¾ colher de chá de sálvia seca

2 colheres de sopa de amido de milho

50ml/2 fl oz de água

sal e pimenta preta moída na hora, a gosto

50g de ervilhas congeladas, descongeladas

3 muffins simples, cortados ao meio

Combine todos os ingredientes, exceto amido de milho, água, sal, pimenta, ervilhas e pães na panela elétrica. Cubra e cozinhe em fogo baixo por 6 a 8 horas. Ligue o fogo e cozinhe por 10 minutos. Adicione o fubá e a água combinados, mexendo por 2 a 3 minutos. Polvilhe com sal e pimenta. Adicione as ervilhas e coloque as metades do muffin, com o lado cortado voltado para baixo, na panela. Cubra e cozinhe por 10 minutos.

Frango de coco indonésio

Este prato picante é enriquecido com sabores únicos de leite de coco e gengibre.

Serviço 6

700g de filé de peito de frango sem pele, cortado em cubos
250ml/8 onças de leite de coco
250ml/8 fl oz de caldo de galinha
400g/14 onças de feijão vermelho, escorrido e enxaguado
1 cebola em fatias finas
½ pimentão verde grande, cortado em fatias finas
2 cebolinhas fatiadas
1 dente de alho amassado
2 cm/¾ de raiz de gengibre fresco picado, ralado finamente
1 colher de sopa de amido de milho
2 colheres de sopa de suco de limão
sal e pimenta a gosto

100g de arroz cozido e quente
coentros frescos picados finamente para decorar

Combine todos os ingredientes, exceto amido de milho, suco de limão, sal, pimenta caiena e arroz na panela elétrica. Cubra e cozinhe em fogo baixo por 6 a 8 horas. Ligue o fogo e cozinhe por 10 minutos. Adicione a farinha de milho e o suco de limão, mexendo por 2-3 minutos. Tempere com sal e pimenta. Sirva sobre arroz polvilhado generosamente com coentros.

www.ingramcontent.com/pod-product-compliance
Lightning Source LLC
Chambersburg PA
CBHW071850110526
44591CB00011B/1370